बुरी औरत की पहली कथा

बुरी औरत की पहली कथा

किश्वर नाहीद

अनुवाद
बृजेश अंबर

वाणी प्रकाशन
प्रकाशन के उत्कृष्टतम 63 वर्ष

vaniprakashan.com

पेपरबैक पहला संस्करण : 2026

वाणी प्रकाशन

4695, 21-ए, दरियागंज, नयी दिल्ली-110 002

फ़ोन : + 91 11 23273167, 23275710

शाखाएँ

अशोक राजपथ, पटना-800 004, बिहार

कॉफ़ी हाउस कैम्पस, महात्मा गांधी मार्ग, प्रयागराज-211 001, उत्तर प्रदेश

महात्मा गांधी अन्तरराष्ट्रीय हिन्दी विश्वविद्यालय, वर्धा-442 001, महाराष्ट्र

sales@vaniprakashan.in

vaniprakashan@gmail.com

Buri Aurat Ki Pahali Katha
by Kishwar Nahid
Translated by Brijesh Amber

ISBN : 978-93-7348-207-1
Autobiography

मूल्य : ₹ 225

जी.एस. ऑफ़सेट, दिल्ली-110 095 में मुद्रित

अपने बेटों मीज़ो और फ़ैसल के नाम

अनुक्रम

अपने पढ़ने वालों के नाम !

अश्क आबाद, एक शाम मैं और मेरा एक मिस्री दोस्त अपने-अपने सहनों और मुल्क में होने वाली तब्दीलियों की बातें कर रहे थे। वह हँसकर बोला "जो बातें तुम कर रही हो। मैं भी इसी तरह बातें करता था। मेरी माँ भी बुर्का ओढ़ती थी, मगर अब मेरी बेटी बिकनी पहनती है।

ये बीस बरस पहले की बात है। मैं आज इटली में बैठी अपनी कथा लिख रही हूँ। स्पेन में मेरी एक बहू शॉर्ट्स और अमेरिका में दूसरी बहू स्कर्ट पहनती है। मेरी भानजियाँ अमेरिका में डॉक्टरेट कर रही हैं और मेरी माँ डोली में बैठकर सफ़र करती थी।

पाकिस्तान और हिन्दुस्तान में 1940 से लेकर अब तक जिस तरह बदलाव आया है उस बदलाव ने किस तरह हमारी गलियों, मुहल्लों और घरों से लेकर ज़ेहन में कहाँ जाले बुने हैं और कहाँ खिड़कियाँ खोली हैं, यह सब हाल अपना ज़िक्र चाहता है।

यह तहरीर किसी कैलेंडर या ज़िन्दगी की सीढ़ियों को दर्जा-ब-दर्जा तय करने की कहानी नहीं है। वॉन गॉग की एक पेंटिंग है जिसका नाम है–"जूते–आख़िर ये किसके हैं"।

यह कहानी भी एक इन्सान की नहीं, उस समाज की है जहाँ बड़ी-बड़ी बातें भुला दी जाती हैं और छोटी-छोटी कमीनगियाँ याद रखी जाती हैं। बक़ौल सेंट जॉन पर्स "यह कहानी गली की उस औरत की है जो दुख में फ़ातिहा पढ़ती है, राह चलतों को काटती है, शहज़ादे या खंज़र को अपने बाजुओं में लेकर चलती है।"

जिस समाज में "अवाम दहलीज़ पर जले हुए कोयलों की तरह हों और अंगोला के नॉवेल निगार कियोस्की की तरह अपनी ज़िन्दगी के पचास सालों में 27 हुक़ूमतों की तब्दीलियाँ देखी हों"। वहाँ कुँडेरा की तरह क़ौम के अल्मिये को ज़बान देने के लिए संरचनावाद और सृजन के नये सौन्दर्यशास्त्र की तलाश करनी पड़ती है।

मार्गेट एटवुड (Margaret Atwood) और माया अंज्लो (Maya Angelou) ने Monologue की शक्ल में ख़ुद नविश्त को नावेल की नयी फ़ॉर्म क़रार दिया जिस में प्लॉट ज़रूरी नहीं। मौज़ू की बनत नॉवेल बना सकती है।

यह बहस मेरा मसला नहीं है और न ही यह कि क्या छप सकता है, क्या नहीं छप सकता। वैसे भी काफ़्का को चेकोस्लोवाकिया में छापा गया था। लोशोफ़, माउत्से तुंग के ज़माने में बैन था और अब माउत्से तुंग का ज़िक्र नहीं। लेनिन का मक़बरा ख़त्म, दीवरे-बर्लिन मुन्दहम, अफ़्रीका, एशिया और यूरोप का सारा जुग्राफ़िया, सारी तारीख़ बदल गयी है। क्या इस सारे आलम में ज़ांत का चीस्तान (मामला) भी बदला है !

बोस्निया की नंगी पागल औरतों की तस्वीरें छपने के बाद, यह बहस तो अपनी मौत आप मर गयी है कि क्या छापा जा सकता है।

मशहूर मुसव्विर अल्बर्ती, सब फ़नकारों के पास जाहिल बन कर जाता था। उन के फ़न के बारे में सवाल करता था।

मैंने भी सारे घरों के सहनों में झाँका है और शायद कहीं यह भी कह दिया है "बादशाह नंगा है।"

किश्वर नाहीद
3 दिसम्बर 1993
रोकफ़िलर फ़ाउंडेशन सेंटर,
बलाज़ियो, इटली

पहली सीढ़ी

हव्वा ने अपनी कहानी किसे सुनाई थी!

आदम को–उसने तो मशहूर कर दिया मैं उसकी पसली से निकली थी।

–ख़ुदा को उसकी किताबों ने तो मुझे वर्गलाने वाली और सांसारिक ख़ुदा को सज्दा करने वाली बना दिया।

ज़मीन को–उसने ख़ुद के आँगनों में तक्सीम किया और सरकशी करने वालियों के बेनाम बदन, उसकी कोख में उतरते गये।

आस्मान को–डरपोक, बुज़्दिल, चीख़ और आवाज़ से बचने को उसने ख़ुद को नीलाहटों के नज़र आने वाले फ़रेब में छुपा लिया।

यशोधरा ने पूछा–"मैं तेरी और अपनी कहानी सुनाऊँ?"

हव्वा ने कहा तेरी आँख में ज़ख़्म हो गया तो हव्वा के घाव के तीरों की बारिश को कैसे गिन सकेगी।

क़ज्वीन की बेटी ज़रीं ताज क़ुर्तुलैन ने कहा–मैंने तेरी जैसी ज़िन्दगी करने की कोशिश की। मिरी रस्मो–राह कलन्दरी को, हर ज़माने के शाह क़ाचार, जल्लाद के हवाले कर देते हैं।

यूनानी असातीरी देवी Danee ने कहा "मुझे तेरी सज़ा भुगतने के लिए कश्ती में बिठाकर समुन्दर में छोड़ दिया गया था और मेरी कश्ती अनजान ज़जीरों से सारी उम्र टकराती रही। मैं अपनी कथा सुनाऊँगी।

सैफ़ और एना अज़्मातुआ ने कहा "हमसे तो हमारे शाइरी के मुसव्विदे छीने गये, हमारी शाइरी को मुल्क के लिए शर्मनाक समझा गया। हमें अपनी कहानी सुनाने दो।

अन्धी सफ़िया बीबी ने कहा–मैंने तो तुम से पूछे बिना तुम्हारी कहानी सुना दी। हराम का बच्चा जनने का क़सूर भी मेरा था और कोड़ों की सज़ा भी मेरे लिए थी।

हव्वा बिलबिला उठी–"किसने दी थीं सज़ा। क्या इस अमल में तुम अकेली थीं, बिल्कुल अकेली।"

क़दीम अहदनामों में वाक़िआत की तफ़सील नहीं मिलती है। सबक़ सिखाने के लिए फ़ैसलों और सज़ाओं का ज़िक्र मिलता है।

इटली में वेलिंस्टन ख़ानदान की मारिया बोली "लोग कहते हैं कोमो झील ग्लेश्यर से निकली है। सैंकड़ों देहात और हज़ारों लोग उसके किनारे आबाद हैं, कौन जाने झील में किसका कलेजा अर्क़ अर्क़ हुआ। मुझे तो मेलानो के 48 साला शहज़ादे से ब्याह दिया गया था। किसी को मेरी 20 साला जवानी नज़र नहीं आयी थी। सबको वह दौलत और लम्बी-चौड़ी इमारत नज़र आयी थी। जो आज तक शरबोलानी विला के नाम से याद की जाती है।

मेरे अन्दर के शख़्स को सिर्फ़ वियरी समझ सका था। वह एक मारूफ़ अदीब था। उसने जब मुझे फ्रांस के मशहूर ड्रामानिगार, दिशोज़ के ड्रामों को तर्जुमा करने को दिया तो मुझे लगा मेरे अन्दर की रगों को जैसे बोलना आ गया है। लफ़्ज़ और ज़हन के ताल्लुक़ को भी गुनाह की झोली में डाला गया और मैंने ख़ुद अपने लिए तन्हाई की दीवारें बना डालीं। बात यहीं ख़त्म नहीं हुई। मुझे तावान के तौर पर शाही नवादिरात और सरमाया जुज़-ब-जुज़ वापस करने का हुक्म बजा लाना पड़ा। मेरे नाम से मौसूम महल में ज़ुल्म की कहानियाँ जन्म लेती रहीं। कलारा और मुसोलिनी को भी यहीं विलेरियो ने गोलियों का निशाना बनाया था।"

सरगोधा में 8 साल का जेकब हवालात में बन्द है। वह मुजरिम है। वह मस्जिद की दीवार पर कुछ लिख रहा था। क्या पता कुछ लिख भी रहा था। मस्जिद की हिफ़ाज़त करने वालों को जलाल आ गया। उन्होंने निहत्थे शहरियों की हिफ़ाज़त करने वालों को पुकारा, हव्वा, हवालात, जेकबाज, च, ह, ख़.. ख़े से ख़ुदा मगर बे से बन्दा...नहीं बन्दर, बूज्ना बड़ (बन्दर), बेहूदा, बेअदब, बावला, बद किरदार, बदबू, बेचारा, बददुआ और बादशाह... बहादुरी करने वालों, दो सरों का बेदरीग़ खून बहाकर तमग़े सजाने वालों को बाअदब बा मुलाहिज़ा बादशाह कहते हैं।

बादशाह की एक बीवी होती है। यशोधरा बीवी ही तो थी, सीता भी और नूरजहाँ भी बीवी थी, मगर कुर्तुल ऐन ताहिरा और उमराव जान अदा किसी की बीवी न थीं। कितनों से उन के मुतअल्लिक़ दास्तानें बनायी गयी, मगर किसी ने उनको याद किया मलिका ऐन की तरह...वहाँ सिर्फ़ विलियम बादशाह के शानदार इंक़लाब की बात नहीं की जाती है। स्पेन में फर्डिनैड बादशाह के साथ उसके हवाले मिलते हैं कि अरबों का दख़्ल कम करने में इज़ाबेला की खिदमात भी थीं। रूस की कैथरीन और ऑस्ट्रिया की थ्रेसा की कामयाबियों को कसौटी की झोली में डाला गया।

हव्वा! तुमने नाम भी बहुत बदले हैं। कभी तुम ने ऐना सेक्टन अपना नाम रखा और 29 साल की उम्र में अपनी सही पैदाइश का ऐलान किया। कभी तुम फ़रोग़ फ़र्रुखजाद बनीं तो कभी सारा शगुफ़्ता और कभी मेरी माँ।

कैसी अजीब बात है वे सब लोग जो ज़िन्दा नहीं हैं उनका हाल मैं उनके नाम से सुना रही हूँ और जब भी ज़िक्र आयेगा उनका कि जो बज़ाहिर ज़िन्दा हैं। वे सब परीज़ादों की तरह बयान पायेंगे। हमलोग तो आईने में भी अपना सरापा देखते हुए शर्मा जाते हैं। लफ़्ज़ों में बयान का बोझ कैसे उठा पायेंगे! हाँ वाक़ई उस ज़माने में जबकि लॉरेंस भी लाचार लगता हो और हेनरी मिलर भी। नफ़्सियाती नॉविल के दिन भी लद चुके हों, तवील ना मुहतमिम नॉविल भी अब न बार पाता हो और यार लोग नॉविल और अफ़साने को तकनीक की ख़ुदकारी और लफ़्फ़ाज़ी से निजात दिलाने के लिए सरगर्म हों वहाँ सच भी तो अफ़साना लगेगा।

आज के शख़्स का मसला यह है कि वो न फ़ितरत को मानता है न तारीख़ को, न अपने आपको...वह है कौन...उसके वजूद को कौन दरयाफ़्त करेगा। हालाँकि आज का शख़्स...सारी दुनिया में कहीं भी तो अपने नज़रियात के बाइस न फाँसी चढ़ रहा है, न ज़हर का प्याला पी रहा है।

गैलीलियो, बेगन, न्यूटन, डेकार्ट...कलीसिया ने इन सबकी मज़म्मत की थी। इब्नुल-हशीम से इब्ने-सीता तक सभी ग़ुस्से के लायक़ क़रार पाते थे।

ग़ुस्से के लायक़ तो बी अम्माँ, ख़ालिदा अदीब ख़ानम और मेरी माँ भी क़रार पायी थीं और बिपता तो उनकी भी किसी ने रक़म नहीं की जो क़िले वालियाँ शहज़ादियाँ थीं, मगर ज़माने के बदलने पर उन्होंने लोगों के घरों के

बर्तन माँझे और बालाख़ाने आबाद किये। वक़्त अपने आपको कितने दरीचों में बाँटता है।

एक बँटवारा तो वह था जब अब्बा बापड़ से गुलावटी अम्माँ को ब्याहने गये थे। तीन बीबियाँ ब्याह कर तो आयीं, मगर ज़्यादा देर आबाद न रह सकीं। एक औलाद, दो औलादें, अपनी निशानियाँ दीं और रुख़्सत हुईं। चौथी बीबी–वह सय्यदज़ादी जो नौ बहन भाइयों के ख़ानदान में सब से बड़ी थीं, समुन्दर में नीम जमाने को आयी थी, दस-बारह साल की उम्र तक अम्माँ की गोद में बैठने वाली को मुँह दिखाई में गोद में बैठने वालियाँ सौतेली बेटियाँ मिलीं और ढेर सारे बाग़, कहारनियाँ, नायनीं। अब्बा...में मुलाज़िम थे। राजघाट नरूदा के मैनेजर थे। आठवीं क्लास में पढ़ना छोड़ दिया था। ताया ने मैट्रिक किया और पुलिस सर्विस में कमिश्नर हो गये थे।

अब्बा के बारे में सुना है कि शाइरी भी करते थे। मैंने अपने होश में उन्हें शेर पढ़ते, शेर सुनते या शेर लिखते कभी नहीं देखा। अलबत्ता ख़तों के ज़रिये, मुसल्सल तहरीर और जामे नफ़स मज़मून, उस शिकस्ता ख़त तहरीर में नज़र आया, जो मुंशी फ़ाज़िल के इम्तिहान में एक पूरा पर्चा होता था। मेरे और हमारे सारे बहन-भाइयों के लिए शिकस्ता ख़त तहरीर बिल्कुल मानूस और आसान ख़त था कि वह हमारे अब्बा का तर्जे-ख़त था। यह तर्जे-ख़त जब मैंने वेनिस के मीरासुल-इस्लाम अजायबख़ाने में दीवाने-हाली की शक्ल में देखा तो दोनों सफ़्हे जो सामने खुले थे, पढ़ते हुए बहुत सुकून मिला। वहीं मेरा ढेरों ख़ून बढ़ा जब मैंने फ़रीदुद्दीन अत्तार के हाथ का लिखा मुसव्विदा मंतक़-उल-अत्बार, निज़ामी गंजवी की किताब का मुसव्विदा, हाथ से लिखा शाहनामा और जामी ही की लिखी "यूसुफ़ जुलेखा" सारे कलमी नुस्खे जिसमें तारीख़े- तबरी का अस्ल नुस्ख़ा, इब्ने तैमूर के ज़माने के ख़त, हाथी दाँत पे अब्बु हातिम की तहरीर, सिसली में लिखा गया कलामे-पाक, "किताबुल-अमल"आख़िर ये सब चीज़ें मेरी मीरास थीं कि मेरे अब्बा इसी ख़ते शिकस्ता में लिखा करते थे।

अम्माँ, मौलवी सय्यद घराने की सब से बड़ी बेटी थीं। ननिहाल में सब मर्द, सर सय्यद के पैरोकार थे। लड़के सारे अलीगढ़ पढ़ते थे। हर एक को इजाज़त थी जिस मज़्मून में चाहे मास्टर्स करे। अलीगढ़ हॉस्टल में लड़कों को छुट्टियों के बाद कॉलेज जाने का ख़ास अहतिमाम होता था। मीठी टिकियाँ,

तिल के लड्डू, देसी घी का गाजर का हलवा, गेहूँ का हलवा, कनस्तरों में भर-भर के साथ किया जाता था।

रहा लड़कियों की तालीम का मसला तो वही सर सय्यद का ततब्बौ... "लड़कियों को सिर्फ़ क़ुरआन नाज़िरा और बहिश्ती ज़ेवर (क़ुरान का एक अध्याय जो औरतों को पढ़ाया जाता है) पढ़ाया जाये।" मेरी माँ को भी इतनी ही तालीम मिली थी। क्या अम्माँ ने लड़कों की तरह पढ़ने की ज़िद की थी! इस का बज़ाहिर सबूत तो बहन भाइयों के रवैयों और बातों में नहीं मिलता है। अलबत्ता हमारी परवरिश और लड़कियों की तालीम के लिए ज़िद, उस ज़ख़्म की प्रतिध्वनि लगती है जहाँ अम्माँ को पढ़ने से रोका गया होगा। अम्माँ के अन्दर बहुत ग़ुस्सा था, बहुत मलाल था। यह मलाल उनके मिज़ाज की शीरीनी को मुसल्सल ज़हर आलूद करता रहा था। अम्माँ की तेरह साल की उम्र में शादी हुई थी, अम्माँ "पहलूठी की औलाद" बहुत चहेती बेटी को बहुत चहेता शौहर नहीं मिला, बल्कि मामला सेर और सवा सेर का हो गया। ब्याह की मेहँदी अभी हाथों पे थी, सुबह को दूध का प्याला लाकर दिया, दूध गर्म था, ग़ुस्सा और इस हद तक कि तलाक़ के लफ़्ज़ ने दूध भरा प्याला ही तोड़ दिया। अम्माँ कमरे में बन्द हो गयीं और आख़िर नाना अब्बू ने आकर ही दरवाज़ा खुलवाया और घर ले गये।

इसी माँ को अपनी ज़िन्दगी को नये सहन में तीन सौतेली जवान बेटियों के साथ गुज़ारने के मुश्किल रास्ते से गुज़रना पड़ा। तीनों बेटों की मायें अलग-अलग थीं और तीनों के मिज़ाज अलग-अलग थे। पर में शुरू ही से कोई घरवाला लगाव न था। सब के कटोरे का पानी बार-बार ख़त्म हो जाता था।

अब्बा के कम पढ़े-लिखे रह जाने का रद्दे-अमल इस शक्ल में नज़र आता है कि उन्होंने बच्चों की आला तालीम की मुखालफ़त की। इस हद तक कि बच्चों की तालीम के लिए बढ़ी हुई रक़म देने और घर का ख़र्च बढ़ाने से इन्कार किया, हमारी माँ ने हमें दो की जगह एक रोटी दी। एक लालटेन के गिर्द पाँच बहन-भाइयों को पढ़ने के लिए बिठाया। अपने हाथों से एक बोटी और शोरबा डाल कर दिया। बड़े बहन भाइयों के छोटे कपड़े, बाद के आने वाले छोटों को पहनाये। खाना बनाते हुए, चूल्हे के गिर्द सब को बिठाकर, उर्दू और हिसाब (गणित) सिखाया। हमारे नन्हे-नन्हे हाथों में भारी पत्थर थमा

कर साबित लाल मिर्चें पिसवाईं, झाड़ू दिलवाई, रोटी पकवाई मगर किताब से आँख न उठाने की ज़िद भी की।

धोलाना–मेरी ननिहाल का आबाई घर और गुलावटी ननिहाली घरानों की जगह, नाना ने बेटियों के पढ़ाने से गुरेज़ किया। मगर गुलावटी में स्कूल खोला था। गोहर गर्ल्स स्कूल, गोहरबानो–हमारे नाना की वालिदा का नाम था। नाना फ़जलुर्रहमान ख़ुद वकील थे। ऐसे वकील जिनका दफ़्तर बिल्कुल अलग हवेली था। हवेली के सामने लम्बी राहदारियों वाले कमरे जिन में पेशी पे आने वाले लोग, मुहर्रिर (मुंशी) और ज़मीनों पर नियुक्त क़ानूनगो रहा करते थे। नानी अम्माँ आमिता-उल-इस्लाम, मुहल्लेभर के आये हुए फल, ख़रबूज़े, आम, सिंघाड़े टोकरियों में भर-भर दिया करती थीं। बचपन में कभी किसी को फल ख़रीदते नहीं देखा था इस ख़ुशहाली के बावजूद, सुबह का नाश्ता, रात की बची रोटी और चाय या घर में बनी छाछ होता था। सूइयों से लेकर, मूंगछियों और बड़ियों तक, सब चीज़ें घर पे बनती थीं। दाल और सब्ज़ी के अलावा, तमाम घरों में गाय का गोश्त इस्तेमाल होता था। बीमारों के लिए अलबत्ता बकरे का गोश्त मंगवाया जाता था। मुर्गी और मछली का तो रिवाज ही नहीं था।

हर दुपट्टा घर में रंगा जाता था। हर कपड़ा घर में सिलता था, सारे मसाले ताज़ा पिसते थे। गेहूँ और चावल घर में कहारनियाँ साफ़ किया करती थीं। कोई कपड़ा चन्द धुलाइयों के बाद, ज़ाया नहीं किया जाता था। मर्दाना पाजामों को पैबन्द लगना एक आम बात थी। पुरानी चादरों के थैले, तकिये ग़िलाफ़ और दस्तरख़्वान बनना भी सुघड़ापे की निशानियाँ थीं, शादी के दुपट्टे, दुलाइयों के अब्रों की शक्ल में और ग़रारे गोट की शक्ल में इस्तेमाल किये जाते थे, सारी ख़ुशहाली के बावजूद रोटी पे सालन रखकर खा लेना, आम बात थी। किफायत का फ़ल्सफ़ा हर जगह काम करता नज़र आता था, कभी किसी हाँडी में से सालन निकालने के बाद पानी नहीं डाला जाता था।

बाक़ायदा रोटी से हँडिया पोंछी जाती थी। माचिस की तीली का इस्तेमाल तो ख़ाल-ख़ाल था। सुबह सवेरे, हम छोटे बच्चों के हाथ में किसी घर से आग का अंगारा लाने के लिए करछा पकड़ा दिया जाता था। बस इस तरह आग जलाई जाती थी। किताबों की जिल्दबन्दी तक घरों में होती थी ताकि सालभर बाद, ये किताबें दूसरे बच्चे के काम आ सकें।

तंग पाजामे सर्दियों में, और हर मौसम में साड़ियाँ और ग़रारे पहने जाते थे। ज़्यादातर औरतें विक्टोरियन स्टाइल के कंगूरे बनाकर बाल बनाती थीं। बच्चों को तो बस चुना हुआ अभ्रक़ लगा दुपट्टा मिल जाता तो बहुत ख़ुश होती कि नये और अच्छे कपड़े और नये जूते तो बस ईद के ईद ही ख़रीदे जाते थे। जभी तो सारी चाँद रात नये कपड़ों को देखते और यह सोचते गुज़र जाती थी कि सुबह को ये कपड़े हमें पहनने को मिलेंगे।

परियों की कहानियाँ सुनाने का हमारी माँ के पास वक़्त ही नहीं होता था और कोई बड़ी-बूढ़ी सुनाती तो मलिका विक्टोरिया की ताजपोशी के क़िस्से सुनाती। पहली जंगे-अज़ीम (विश्वयुद्ध) की बातें बताती या फिर जिन्नों और भूतों के क़िस्से सुनाती। उस ज़माने में हर घर में कोई न कोई भूत का हयूला ज़रूर होता था।

पर्दे का यह आलम था कि हमारी नानी और एक उम्र तक हमारी अम्माँ भी अपने दामादों के सामने नहीं आती थीं। डोली दोबारी में रखी जाती। उस में एक पत्थर रखा जाता, अम्माँ उस में बैठतीं, फिर कहारों को अन्दर बुलाया जाता, वह डोली नानी अम्माँ के घर उसी तरह दोबारी में रखते और यूँ छोटे से छोटा सफ़र भी तय होता। यह तो बाद में पता चला कि ख़ातून का अस्ल वज़न छिपाने के लिए डोली में पत्थर रखा जाता था। आटे में हाथ लपेटकर नब्ज़ दिखाना और सक्क़े के घर में पानी भरने पे, बच्चों तक का पर्दे में कहीं छिप जाना...एक समाजी काम था।

पर्दे के सिलसिले में हिन्दू-मुस्लिम घरानों में कोई ज़्यादा फ़र्क़ नहीं था। हिन्दू घरानों की तमाम औरतें भारी चादरें ओढ़कर बाहर निकलती थीं। कभी किसी ख़ातून की शक्ल दरवाज़े या खिड़की से नज़र नहीं आती थी। जब डोलियों का रिवाज कम हुआ तो ताँगे पे सफ़ेद चादर बाँधी जाती थी। मुसल्मान हिन्दू औरतें इसी तरह सफ़र करती थीं। घर से गली तक आने के लिए भी दोनों तरफ़ से सफ़ेद चादरें पकड़े लड़के खड़े होते और यूँ बीबियाँ ताँगे में सवार होतीं।

हापुड़...धदयाली क़स्बा था। अब्बा अपनी नौकरी के सिलसिले में शहर-शहर घूमते थे। अम्माँ और बच्चे साथ होते थे। हमारी सौतेली बहनें भी अम्माँ के साथ ही होती थीं। अब्बा को बहुत अच्छे खानों, बहुत ख़ूबसूरत कपड़ों

और गहनों का बहुत शौक़ था। ख़ुद फ़ोटोग्राफ़ी करते थे। फ़िल्में डवलप भी करते और एनलार्ज भी। इस धुन में अम्माँ और बच्चों को हर तरह के लिबास पहनने की फ़रमाइश करते, नवरतन से बाज़ूबन्द तक और सतलड़े से पैरों के लच्छों और झाँझरों तक, हर रंग में उन्होंने अम्माँ की फ़ोटोज़ उतारी थीं। अम्माँ के पास अश्रफ़ियाँ और चाँदी के रुपये, मैंने अपने बचपन में देखे हैं। अम्माँ वह रुपये तोलकर दिया करती थीं। उसी ज़माने में सुना था कि नाना के कमरे में घड़ा गड़ा हुआ है जिस में सोने-चाँदी की ईंटें भरी हुई हैं।

रेज़गारी में आना और पैसे के अलावा धेला भी होता था, जिस के एवज़ ढेर सारी मिठाई मिल जाती थी।

घरों में पानी भरने के लिए सक्के, मश्कों में पानी लाया करते थे, बाहर दरवाज़ा बजा कर ऐलान करते "पर्दा कर लो सक़्क़ा आया जी" सारी औरतें अन्दर पर्दे में चली जाती। सक़्क़ा सारे घड़ों में पानी भरकर चला जाता।

सिनेमा के शुरुआती दिनों में ख़ामोश फ़िल्में चलती थीं। हम छत पर चढ़कर सामने दीवार पर ख़ामोश चलती फिल्में देखा करते थे, मगर वह भी अम्मी- अब्बा से छिपकर।

बाग़ों के ब्याह होने की रस्म भी याद है। बाग़ पे पहला फल आने से पहले, बाग़ का ब्याह किया जाता और सारे का सारा पहला फल ग़रीबों में बाँट दिया जाता था। अम्माँ और अब्बा दोनों बाग़ी मिज़ाज के थे। शायद जवानी में यह मिज़ाज दोनों की अदा-ए-दिलबरी था। मगर हमारे होश सँभालते कि मैं घर में पाँचवें नम्बर पर ज़िन्दा औलादों में से थी। दो सबसे बड़े भाई पैदा होते ही मर गये थे। एक बीच का भी इसी तरह कूच कर गया था। इस तरह मैं आठवीं थी और अभी मेरे बाद एक भाई और एक बहन आये और शाद आबाद हैं।

हमने घर दो हिस्सों में आबाद देखा, मर्दानख़ाना जहाँ मुकम्मल तौर पर अब्बा की सल्तनत थी। दूसरा घर कि जहाँ सब घरवाले रहते थे। भाई जब अलीगढ़ से वापस आते तो मर्दानख़ाने में सोते थे। बुलन्दशहर आने के बाद, अब्बा ने नौकरी छोड़कर, देहली और बुलन्दशहर के दर्मियान बसें चलानी शुरू कर दी थीं। अब नीचे कोटे में बसों के अड्डे के पास एक दफ़्तर भी था। मालूम नहीं अम्माँ अब्बा की लड़ाई होती थी कि नाराज़गी, बस यह पता चलता था कि अब्बा जी नीचे कोर्ट वाले दफ़्तर से घर नहीं आ रहे हैं, यूँ कई

दिन गुज़र जाते, फिर एक दिन देखते अम्माँ ने साड़ी बाँधी हुई है। कानों में मोतिया पहना हुआ है, हँस रही हैं और अब्बा जी घर की मुँडेरों पर आबख़ोरे भर भरकर रख रहे हैं।

अब्बा की नाराज़गी के दिनों में अम्माँ काला मुर्ग़ा मँगाया करती थीं और एक बीबी आकर यह मुर्ग़ ले जाती थीं और जवाबन पढ़ी हुई चीनी अम्माँ को दे जाती थीं। जितनी अम्माँ की नमाज़ें बढ़ती गई, तस्बीह (मालायें) और दुआयें तूल पकड़ती गयीं। उतना ही अब्बा जी, नमाज़ से लापरवाह होते गये। उनके अन्दर कुछ और सौदा समा रहा था, कोई और शोला था जो रोशन हो रहा था।

पहला क़दम

दूसरी जंगे-अज़ीम और तहरीके-पाकिस्तान...दोनों के असर साथ-साथ घरों की दहलीज़ों तक पहुँचे। जंग के बाद...शदीद महँगाई और कामयाबी का ज़माना था, हर घराने को राशन पर रोज़ाना एक बोतल मिट्टी का तेल मिलता था। हर घराने को राशन में महीने में एक मोटी मल्मल की साड़ी मिलती थी, हमारे घर में तस्बीह के दाने यह दरोग़ मस्लहत आमेज़ की आब दी गयी। मैं और मुझ से छोटा और बड़ा भाई...हम तेल लेने के लिए हर शाम क़तार में खड़े होते, अम्माँ बार-बार याद कराती...तुम एक दूसरे के रिश्तेदार नहीं हो, वर्ना सिर्फ़ एक बोतल तेल मिलेगा। बाद में खुला कि बलूचिस्तान में तो एक गिलास पानी के एवज़, उम्रभर की ग़ुलामी क़ुबूल कर ली जाती थी। अरब दुनिया में इसी तेल ने बादशाहों की हुक्मरानियों को मनमानी करने पर उकसाया और शहज़ादी सना जैसी इंक़लाब को फाँसी पे लटकाया था। ये भी तो हुआ कि ऊँटों की सौदागरी से तेल की सौदागरी करने वालों ने, पैट्राइट मिसाइलों वालों को बुला भेजा था कि वो भी पराये घर की दरबानी के बहुत रसिया थे।

दूसरी जंगे-अज़ीम की बाक़ियात की शक्ल में, बाज़ार में पैराशूट मिलने लगा। मोटी साड़ियों से निजात हासिल करने को, मुसलमान बीबियों ने पैराशूट उधेड़कर शलवारें, गरारे बनाने शुरू किये। ऊँची एड़ी के जूते, कोट और स्वेटर भी बाज़ार में बिकने शुरू हुए और मुसलमान औरतों ने गुर्गारबियों की जगह छिप-छिप कर ऊँची एड़ी के जूते पहने।

उसी ज़माने में गांधी जी ने चर्ख़े पे खद्दर बुनने का ऐलान कर दिया और बहुत से हिन्दुओं ने सिर्फ़ खद्दर पहनना शुरू किया। मुसलमानों ने

अलग-अलग मुल्क के लिए जद्दोजहद शुरू की। वही औरतें जो आटे में हाथ लपेटकर हकीम को दिखाती थीं और डोली बिना कहीं नहीं निकलती। उन औरतों ने जगह-जगह जल्से करने, चन्दा इकट्ठा करना और बच्चों में भी एक अलग और आज़ाद मुल्क के लिए ज़ज्बा बेदार किया। हम बच्चे जो गुल्ली-डण्डा खेलते थे। लम्हा-ब-लम्हा वही डण्डा उठाकर ज़ुलूस निकालने लगते और "ले के रहेंगे पाकिस्तान, बँट के रहेगा हिन्दुस्तान, बन के रहेगा पाकिस्तान", ये नारे थोड़े-थोड़े अन्तराल के बाद हर उस गली में गूँजते जहाँ मुसल्मान रहते थे।

बुलन्द शहर दो हिस्सों में बँटा शहर था। एक हिस्सा जो नीचे आबाद था। उसे नीचा कोट कहते थे। जो हिस्सा ऊपर आबाद था उसे ऊपर कोट कहते थे। नीचे कोट में ज़्यादातर हिन्दू आबाद थे और दुकानें थीं। ऊपर कोट में ज़्यादातर सय्यद क़ानूनगो और बिरहमन हिन्दू आबाद थे।

उस ज़माने में हिन्दू-मुसल्मानों में न कोई भेदभाव था न दूरी। हम सब लड़कियाँ बालियाँ इकट्ठी झूले झूलतीं, छतों की मुँडेरों से आपस में बातें करती और इकट्ठी स्कूल जाती थीं, स्कूल मिशनरी था, उस्ताद ज़्यादातर ईसाई मिशनरी थे। हिन्दू, ईसाई और मुसल्मान लड़कियाँ मिलकर खाना खाती थीं। मुसल्मान लड़कियाँ हिन्दी सीखती थीं और हिन्दू लड़कियों को उर्दू सिखाती थी। डांस क्लास में किसी ज़ात की ख़ासियत नहीं थी। हम सब मिल कर डांस सीखते थे। दीवाली, दशहरा और होली भी सब मिलकर मनाते थे। इस तरह ईद-बक़रीद पर, मुबारकबाद देने आने वालों में ईसाई और हिन्दू सभी शामिल होते थे। मुहर्रम भी इसी तरह सब के लिए मुहतरम होता था। कंडे एक घर में होते थे और लड़कियाँ बालियाँ सारे घरों की मिलकर रात भर पकवान बनाने में मसरूफ़ रहती थीं। मज्लिस हो कि ताज़िया निकलना, सबके लिए एक जैसी इज़्ज़त थी। नवीं-दसवीं को सारे सुन्नी घरों में रोज़ा रखा जाता था। मुहर्रम का ख़ास धनिया और खिचड़ा सारे घरों में ख़ास चीज़ होती थी।

1946 में इन मंज़रों में नये मंज़र शामिल होते गये। मुझ से बड़ी बहन ने मिडल वर्नाकुलर बोर्ड का इम्तिहान दिया। अब्बा जी को उसकी जहानत पर ईमान था, नतीजा निकला। वह बोर्ड में सेकिंड थी। अब्बा जी नहीं माने। इलाहाबाद गये, पर्चे निकलवाये। हिन्दू लड़की के नम्बरों में अदल-बदल कर

के, उस को फ़र्स्ट किया गया था। अब दोबारा नतीजा निकला मेरी बहन फ़र्स्ट आयी। मगर मज़ा ख़राब हो गया था। सब के ज़हनों के कोनों में एक ही शमां रोशन हुई। यह जगह तंग हो रही है। यह मंज़िल नहीं है। वतन यह नहीं है। बाग़ों के आमों और झूलों ने बहुतेरा दिलासा दिया, मगर बिन कहे यह बात आँगन-आँगन रच गयी थी। तमाम मुसल्मान बीबियों ने दोनों वक़्त आटा गूँधते वक़्त मुट्ठी आटा निकालकर बचाना शुरू कर दिया। हर घर के एक बच्चे की ख़ुद-ब-ख़ुद ड्यूटी लग गयी। वह सारे घरों से आटा इकट्ठा कर के ले जा कर दुकान पर बेचेगा और रक़म मुस्लिम लीग के दफ़्तर में जमा करा देगा। क़ायदा-ए-आज़म ने जब मुसल्मानों से चन्दे की अपील की तो यह तहरीक ख़ुद औरतों ने सोची और उस पर अमल किया। पाकिस्तान बनने तक यह ज़िम्मेदारी सारे घरों में सुबह, शाम बाक़ायदगी से अदा होती रही।

औरतों और मर्दों के जल्से अलग-अलग होते थे मगर अब साझे जल्से भी ज़ोर पकड़ते गये, अम्माँ बुर्क़ा ओढ़कर, गोद में और उँगली से हम बच्चों को पकड़े जलसागाह जाती थीं। हम घरों में काग़ज़ पे, मोमबत्तियों से और कॉपियों पे पाकिस्तान का झण्डा बनाते थे। एक दिन बहुत बड़ा जुलूस निकला। कौन आया था? शायद कायदे-आज़म या फिर लियाक़त अली खाँ, वही बीबियाँ जो चादर खींचो तो ताँगें में बैठती थीं, अपने बच्चों को संवार कर घरों के दरवाज़ों पर फूल लिए इन्तज़ार कर रही थीं, घड़ी ने अपना सफ़र बहुत तेज़ी से तय किया और एक शाम, हमने देखा अब्बा बहुत से फूल पहने मिठाई का एक टोकरा लिए घर में दाखिल हुए, पाकिस्तान बन चुका था। अम्माँ ने हुक्म दिया पहले सवाब के लिए शुक्राने की नमाज़ अदा करो, फिर मिठाई खाना।

अभी रात की नमाज़ का वक़्त हुआ था, हम बच्चे सो चुके थे। हमारी ख़ुशी पे गुर्राते हुए सिपाही आये और अब्बा जी को गिरफ़्तार कर के ले गये। इधर पता चला कि मामूँ जी समेत, शहर के सब अहम लोग पकड़े गये हैं। अगले दिन पज्मिया सँभालती मैं भाई के साथ जेल के माहौल से शनासा हो रही थी। कितना आसान कर दिया था क़ुदरत ने मेरे लिए मंज़र को, वर्ना अय्यूब खाँ, यहय्या खाँ और ज़िया-उल-हक़ के मार्शल लॉ के ज़मानों में जेलों में बीतने वाले तकलीफ़ को अपने पूरे अज़ाब के साथ मैं भला कैसे समझ सकती थी, मुझे जब यूसुफ़ का पता 1970 में मिला "चक्की नम्बर

440 कोट लखपत जेल" तो मुझे पता था कि हर कोठरी को चक्की कहा जाता है और यह नम्बर यूसुफ़ की कोठरी का है। हबीब जालिब और दूसरे दोस्तों को जेल के दरवाज़े पर रिहाई के दिन इस्तक़बाल करते हुए कभी ये महसूस नहीं हुआ कि अब शायद ये लोग फिर यहाँ न आयें। जेल का दरवाज़ा और भला किन के लिए खुलता है! 1970 में यूसुफ़ और उस के बाप की गिरफ़्तारी भी बिल्कुल उसी तरह रात को हुई थी। दो भरी गाड़ियाँ आयीं सुबह 4 बजे उसको गाड़ी में बिठाकर ले गयी। एफ़.आई.आर. में लिखा "मुल्ज़िम ने कहा है फ़ौजी गधे होते हैं। ये मुल्क चलाना क्या जानें?" उस मुक़द्दमे में यूसुफ़ को एक साल की सज़ा हुई। (यह सज़ा किस तरह ख़त्म कराई गयी और फिर उसका भुगतान मुझे कैसे उठाना पड़ा यह ज़िक्र अगले बाब में, तभी तो मेरे बच्चों को भी डर नहीं लगा जब 1977 से 1979 तक मेरे ऊपर सीआईडी लगी रही। एक मोटर साइकल मेरे आगे और एक जीप मेरे पीछे चलती थी। मुझ जैसी निहत्थी और बड़बोली औरत मार्शल लॉ पे ग़ुस्सा उतारने को बस नज़्में ही तो कह रही थी और हमलोग कर भी क्या सकते थे कि हमारे सामने हर अमल जो नामुनासिब था और हर ज़ुल्म जो नामुम्किन था, अज़ाब बे अमां की तरह छाया हुआ था। अलबत्ता ये दिन एक और तिलिस्म को आईना दिखा गये। बहुत से दोस्त मिलने, घर या दफ़्तर आने से माफ़ी चाहने लगे कि गाड़ी का नम्बर नोट किया जाता है, नाम पता नोट किया जाता है। मेरा ख़ुद किसी के घर आना-जाना, बहुत कम हो गया कि मैं किसी दोस्त को Embarress होते नहीं देख सकती हूँ। अलबत्ता मरहबा मेरे बच्चों और मेरे मुहल्ले वालों परा उन्होंने जिस तरह फ़ख़्र के साथ मुझे एतमाद दिया और सीआईडी वालों को जिस-जिस तरह गच्चा दिया, उसका भी बड़ा लुत्फ़ रहता था। वे बेचारे भी क्या करते, किसी के हुक्म पर वे मज़बूर थे। मेरे बच्चे जब उनके लिए खाना लेकर जाते तो वे और शर्मिन्दा होते और जब उनकी ड्यूटी ख़त्म हो गयी, जिनको फाँसी चढ़ना था, वे फाँसी चढ़ गये तो भी क्या हुआ? हर तरफ़ लोगों के साथ क्या हुआ?

बोस्निया में लोग अपना ही टट्टी पेशाब खाने पे मज़बूर हो गये। उनके सामने औरतों के साथ ज़्यादती की गयी, सोमालिया और घाना में क़हत की वज़ह से लोग ऊँटों की खाल खाने पे मज़बूर हो गये, कश्मीर में सारे घर

ख़ाली हो गये, सिर्फ़ औरतें और बच्चे हैं मगर बैन नहीं करते, फ़िलिस्तीन और कश्मीर की औरतें, जो निकाह के वक़्त 'हाँ' नहीं कहती थीं, बन्दूक़ें थामे हैं। अपने बच्चों को ख़ुद कफ़नपोश करती हैं...मेरी आँखें धुँधलाने लगती हैं... अम्न....आतिशी...सुकून....मुल्की सलामती...किस दामों मिलती है...बहुत महँगा सौदा...बड़े मुल्कों के तराज़ू में हम बेक़ीमत ठहरते हैं। सरमायादारी निज़ाम के क़हतख़ाने आजकल तो इन्सानी आज़ादी की जंग लड़ने का नाम लेकर, हमलावर हैं।

क़यामे-पाकिस्तान के बाद, अब्बा की रिहाई तक का ज़माना, अजब चलने की तैयारी का दौर था। अब यह तो तय था कि हम पाकिस्तान जायेंगे मगर कब और कैसे, ये सब नामालूम कैफ़ियत थी। उस ज़माने में हर रात अज़ाब की रात थी। हर रात ख़बर आती कि आज फलाँ गाँव के हथियार बरदार दस्ते हमला करेंगे और लड़कियों को उठा ले जायेंगे। सारी रात मुसलमान लड़के अपने घरों की छतों पर लाठियाँ लिए पहरा देते और बीबियाँ सारी रात, तस्बीह पढ़ते गुज़ार देतीं।

अलीगढ़ अभी तक मुसलमान लड़के-लड़कियों की शिनाख़्त था। काली शेरवानी और छोटी मुहरी का पाजामा लड़कों का और लट्ठे का ग़रारा और काला बुर्क़ा, लड़कियों का यूनिफॉर्म था। हमारे लिए हूर का पैकर, अलीगढ़ पढ़ने वालियाँ होती थीं। ख़्वाब देखते थे हम भी बड़े होकर अलीगढ़ में इस तरह रहेंगे, पढ़ेंगे। ये ख़्वाब लहू-लहू हमारे सामने थे। बहुत हुजूम था। हर औरत कलेजा थामे और अंगारा आँखें लिए खड़ी थी। वह लड़की जो पूरे शहर की आँखों का तारा थी। अलीगढ़ पढ़ती थी। अग़वा हो गयी थी। न जाने किन जंगलों को छानती, बोटी-बोटी लहू उगलते तलवों को चेहरा किये बेहोश पड़ी थी। हमदर्दी के बावजूद, हर रंग के फ़िक़रे उबल रहे थे और हर माँ अपनी कोख जिंसों को समेट रही थी।

इसी ज़माने में, मैं रातों को सोते में चीख़ने लगी थी, अम्माँ...दम करतीं आयतुल कुर्सी (क़ुरान की आयत) पढ़ती, गोद में लेकर टहलतीं यहाँ तक कि सुबह की अज़ान हो जाती। ख़्वाब में चीख़ें मारने का अमल कितनी सच्चाई रखता है कि ज़िन्दगी की रोशनी में निकलती चीख़ों को भी ख़्वाब समझ लिया जाता है, वह सब कुछ रोशनी में हुआ था। दिनदहाड़े ऐलान हुआ था। मुझे तो

अपने एक-एक ज़ख़्म की तरह याद है। मैंने बंगाल पहले भी बहुत दफ़ा देखा था। बहुत दफ़ा बंगाली शाइरों, दोस्तों और औरतों के ग्रुप्स की मेज़बानी की थी, मगर यह अजब दावत थी, न कोई मेज़बान था, न कोई मेहमान, यह बात है सितम्बर 1971 की। मुझे सरकारी तौर पर बंगाल भेजा गया कि बंगालियों के ख़िलाफ़ लड़ने वाले सरकारी गुंडों के हक़ में किताबचा लिखूँ। मैं फ़ौरन गयी। आग में कूदे बग़ैर जलन और सोज़िश भी तो नहीं होती। बूढ़ी गंगा के किनारे कैम्प भरा था। औरतें ही औरतें। क्या मैं उन्हें औरतें कहूँ? मुश्किल से तेरह से पन्द्रह साल की पतली-पतली लड़कियाँ जिनकी अभी छातियाँ भी साँस लेने नहीं पायी थीं मगर उनके पेट छठे या सातवें महीने की गवाही दे रहे थे। उनके घर वाले कहाँ थे? वे तो रात के अँधेरे में साज़िशी और ग़द्दार कहकर मार दिये गये थे। उनकी नस्लें ख़राब करने के लिए इनके साथ हरामकारी की गयी थी। वो बेअमान, बेजगह, बूढ़ी गंगा की गोद में, सूखे होंठ और सूखी आँखें लिए सर झुकाये थीं।

मैंने बीबीसी से सुना था। ढाका में इक़बाल हॉल ख़ाली कराने के नाम पर सारे लड़कों को मार दिया गया है। मैं ढूँढती-ढूँढती इक़बाल हॉल पहुँची। बाहर सफ़ेदी हो रही थी। अन्दर गयी तो कमरे, कहीं झुलसे हुए कपड़ों की शक्ल में और कहीं बारूद की बू की शक्ल में बर्बरियत की गवाही दे रहे थे।

मुझे मेरे चन्द दोस्तों ने मेरी पागलपन की हरकतें और रोना-पीटना देख कर, फ़ौरन जहाज़ में सवार करा दिया। मेरी रिपोर्ट पर दफ़्तरी सतह पर बहुत भर्त्सना हुई। मुझे और उन सारे दोस्तों को जिन्होंने बंगालियों के हक़ में बात की। ग़द्दार और ग़ैर-मुहिबे-वतन कहा गया। मैं तो कुछ भी न बोल सकी कि जिस दिन दिनदहाड़े ऐलान हुआ उस दिन शाम 5 बजे की ख़बरों के दौरान सिर्फ़ इतना कहा गया "दोनों तरफ़ की फ़ौजों ने बाहमी रज़ामन्दी के बाद हथियार डाल दिये हैं।

हमनवा दोस्तों को दिलासा देने और मिलकर बैन करने को घर से निकले तो सामने का मंज़र देख कर मेरी नाक़ाबिले बर्दाश्त चीख़ निकल गयी, सामने का मंज़र नामुम्किन था। मगर यह सच था। लोग हँस रहे थे। लापरवाह थे। आइसक्रीम खा रहे थे। उसके बाद छह माह तक मेरी आवाज़ बन्द रही थी। कोई डॉक्टर इसका सबब न समझ सका।

चन्द बरस बाद, मैं हिन्दुस्तान गयी। वहाँ एक सड़क पर होर्डिंग पर जनरल अरोड़ा और जनरल नियाज़ी की वह तारीख़ी तस्वीर थी जो ढाका म्यूज़ियम में पूरी दीवार जितनी लम्बी फ्रेम करके लगायी गयी थी। हिन्दुस्तान की इस होर्डिंग के नीचे लिखा था "फ़ातेह (विजेता) हमारी कम्पनी के बुने कपड़े की यूनिफॉर्म पहनते हैं।" और ढाका नेशनल लिबरेशन म्यूज़ियम में तस्वीर के नीचे तहरीर है "आख़िरकार बंगलादेश आज़ाद हुआ। पाकिस्तानी फ़ौजी सर-ब-राह हथियार डाल रहा है।"

ढाका में नेशनल लिबरेशन म्यूज़ियम पूरे एक फ़्लोर पर फैला हुआ है। जिसमें बंगालियों की पाकिस्तानी फ़ौजों के ख़िलाफ़ जद्दोजहद की तस्वीरें, ख़बरें और लेखों को महफ़ूज़ किया गया है। कोने में एक मेज़ रखी है जिस पर लिखा है–"वह तारीख़ी मेज़ जिस पर पाकिस्तानी फ़ौजों ने हथियार डालने के मुसव्विदे पर दस्तख़त किये।" मुझे पाकिस्तानी दूतावास के लोग बार-बार कह रहे थे–"मत जाओ वो म्यूज़ियम देखने तुम्हें तकलीफ़ होगी।" मैंने दिल में कहा "ख़ून के धब्बे धुलेंगे कितनी बरसातों के बाद" ये मिस्रा समझने के लिए मुझे तो उस क़त्लगाह में जाना ही होगा।

चार बेटियों की माँ, अपने और अपने शौहर के मुस्तक़बिल से बेख़बर, न किसी जाने वाली गाड़ी की मुसाफ़िर थी और न किसी आने वाली गाड़ी की मुंतज़िर! छुक-छुक...आख़िर को सितम्बर 1940 में एक ट्रेन में बुकिंग अब्बा के एक हिन्दू दोस्त ने करा दी। अब्बा अब रिहा होकर अपने हिन्दू दोस्तों की मदद से सरहद पार कर चुके थे। इधर सरहदों पर मुहाजिरों की आमद पर पाबन्दी लग चुकी थी। अब जायें तो कैसे? फिर वही चालाक दरोग़ा काम आया, यह इजाज़त थी कि सरकारी मुलाज़िम अपने ख़ानदान वालों को अभी बुला सकते हैं। फूफीज़ाद भाई ने अपना ख़ानदान ज़ाहिर कर के हमें बुलवाने का इन्तज़ाम किया और अब्बा के दोस्त ने भिजवाने का। मगर प्लेटफ़ॉर्म से वापस ले आये। सारे मौजूद लोगों ने हाथ जोड़कर रोते हुए कहा "वापस जाओ। बच्चों को बचाओ" एक रात पहले की जाने वाली ट्रेन में हर जवान को एक-एक कर के गोली मार दी गयी थी और हर बच्चे को अगवा कर लिया गया था...हम फिर न जाने वाली गाड़ी के मुसाफ़िर थे, न आने वाली गाड़ी के मुंतज़िर!

फ़ैसला हुआ, घर का सामान छोड़ो, ज़ेवर बेचो, डिकोटा जहाज़ की टिकटें लो और बच्चों की सलामती माँगो...फिर चालाक दरोग़ा काम आया। -मैं कि जिसे सात साल की उम्र में बुर्का ओढ़ा दिया गया था, बुर्क़े के साथ तो पूरी टिकट लगती थी वर्ना बारह साल की उम्र तक के बच्चों की आधी टिकट लगती थी, अब बुर्का गायब था और हम सब देहली से लाहौर एयरपोर्ट पहुँच चुके थे।

मैं रास्ते भर कुछ नाम लिखती आयी थी। आधा पका जी! हिन्दी पढ़ाने वाली मोटी बिरहमन उस्तानी, हमेशा सफ़ेद मलमल की साड़ी, सर ढका और चेहरा पुर-रौनक़, कोई लड़की भी ताँगे के पर्दे से ज़रा हाथ या मुँह बाहर निकालती। ग़ड़ाप से थप्पड़ खाती, मुझे हिन्दी में अच्छे नम्बर लेने पे हमेशा प्यार करती थी'...मिस घोष, अंग्रेज़ी की उस्ताद जिन्होंने मेरी ताज़ा-ताज़ा छिदी नाक और कानों का धागा शरारत से पकड़कर कहा था "बोलो अंग्रेज़ी में फेल होने की सज़ा, माँ ने इस तरह दी है।" धागा खींचने और फ़ेल हो जाने की दोनों अज़ीयतें आँसू बनकर उबल पड़ी थीं। ख़ुद को सज़ा देने के लिए मैंने उस वक़्त अपने कानों और नाक से धागे कटवा दिये थे। कभी ज़ेवर नहीं पहना, भला कान और नाक के सुराग़ यूँ बन्द कर लेने से आवाज़ों के भँवर पड़ने भी बन्द होते हैं!

और वह शमशान घाट जो स्कूल के रास्ते में आता था, जहाँ हिन्दू अपने मुर्दे जलाते थे, जहाँ ठहरने से सख़्त मना किया गया था, जहाँ हर वक़्त धुएँ की लकीर मौजूद होती थी जो आज तक मेरी आँखों के कटोरों में तैरता है। यूसुफ़ के मरने के बाद, मैं जब भी क़ब्रिस्तान गयी वही शमशान घाट मेरे सामने था। कुछ तस्वीरें उम्र के साथ-साथ एनलार्ज होती चली जाती हैं।

पहला सज्दा

जब कभी जुम्मे को मुझे माल रोड से गुज़रना हो तो मैं मस्जिद शुहदा के पास गाड़ी आहिस्ता कर देती हूँ, कभी-कभी फ़ुटपाथ के किनारे खड़ी हो जाती हूँ। माइक्रोफ़ोन से ख़ौफ़नाक आवाज़ में अल्फ़ाज़ निकल रहे होते हैं। मैं सड़क बदल देती हूँ। नीले गुम्बद पर जाकर गाड़ी खड़ी करती हूँ। मुझे यहाँ भी आवाज़ सुकून नहीं देती। मैं शाही मस्जिद की सीढ़ियों के क़रीब खड़ी हूँ। यहीं क़रीब से गुज़रते बुर्कों की सस्ती-सी ख़ुशबू मेरी नाक बन्द कर देती है। मैं कान बन्द कर लेती हूँ।

मैं सोचती हूँ मेरे पूरे घराने के बच्चे बड़े, सबके सब बड़े नम्रता और विनय के साथ नमाज़ पढ़ने जाते हैं, रोज़े रखते हैं। पंजगाना अदा करते हैं। बहिश्ती ज़ेवर खोलकर उस में लिखी आयात पढ़ कर कुर्बानी करते हैं। औरतें मीलाद अकबर पढ़ती हैं। वे दुआयें माँगती हैं जिसमें सवाब इतने हज़ारों, लाखों फ़रिश्तों और इमामों से होता हुआ, किसी ग़रीब तक मुश्किल ही से पहुँचा होगा। ये सारे मेरे अपने, मौलवी के उपदेशात्मक बातों को अपने महलों में सुनकर और सबका मुहर मुँह पर लगा कर आते हैं और फिर अगले हफ़्ते मस्जिद पहुँच जाते हैं।

हम सब ने सात साल की उम्र में क़ुरान पढ़ लिया था। अम्माँ ख़ुद पढ़ाती थीं। सुबह का नाश्ता, सेहपारा दोहराने के बाद मिलता था। मैंने कई दफ़ा कोशिश की कि सफ़्हे छोड़-छोड़ कर पढ़ूँ कि भूख बहुत लग रही होती थी, मगर अम्माँ ने रोटी पकाते हुए दूसरे बहन-भाइयों को स्कूल भेजने में मसरूफ़ होने के बावजूद, तड़ाख़ से कहना "क्या क्या ग़लत" सही पढ़ो। मैं ख़ुफ़्त और ग़ुस्से में बड़बड़ाती हुई फिर छोड़े हुए सफ़्हे उलटाई, अम्माँ की नज़र

का अंगारा गिरता, मेरी आँखों में भी ख़ून उतर आता, चीख़ी "मुझे भूख लगी हैं एक थप्पड़...सर चकरा देता और फिर आँसुओं से भीगता सेह्पारा और हिचकियों में डूबी आवाज़ का सिलसिला, पूरे सेह्पारा का तराज़ू बनता है।

क़ुरान को अर्थ सहित पढ़ना मना था, कि इस तरह सवाब ज़ाए होता है। जो अनपढ़ थे उन्हें कहा जाता "तुम बस आयात की सतरों पर उँगलियाँ फेरते रहो। तुम्हें क़ुरान पढ़ने के बराबर सवाब मिलेगा। "हर मज़हबी कौम को अल्लाह के हुक्म की तरह, अम्माँ के हुक्म की शक्ल में लाज़मी अदा करना होता था। सख़्त गर्मियों में सारे बच्चे भी रोज़े रखते और पैदल स्कूल जाते थे। लुत्फ़ की बात यह थी कि चेतावनी में शरारत के सारे रास्ते बता दिये जाते थे। हुक्म मिला "ख़बरदार जो किसी ने छिपकर बाथरूम में भी पानी पीने की कोशिश की। अल्लाह देख रहा होता है। "मैं प्यास से तंग आकर बाथरूम जाती और कहती "ऐ अल्लाह तू देख रहा है। मुझे कितनी प्यास लगी है। देख मैं पानी पी रही हूँ" पता नहीं अल्लाह को मेरा यह सीधी बातचीत पसन्द है कि नहीं, मगर सारी उम्र का यह दस्तूर है कि मैं अपनी लाचारी के लम्हों को अल्लाह से बराहे-रास्त मुख़ातिब होकर बयान करती हूँ और इलाज देखती हूँ, मगर अल्लाह ने वे दिन भी दिखाये जब लोग दिखावे के लिए अपने कमरे में मुसल्ली और लोटा नुमायाँ रखवाते थे। जब पब्लिक सर्विस कमीशन डॉक्टरों का टेस्ट लेते हुए कहता था "नमाज़े-जनाज़ा सुनाओ" उर्दू प्रोफ़ेसर से कहता था "दुआ-ए-कुनूत (मदद के लिए की जाने वाली दुआ) सुनाओ।" जुग़राफ़िया के उस्ताद से कहता था "तीसरा कल्मा सुनाओ और साइंसदां को कहता था कहो "हाइड्रोजन और ऑक्सीजन मिलने से ख़ुदा के हुक्म से पानी बनता है।"

पाकिस्तान आने के बाद बेसरो-सामानी के दिनों में, अजब आज़ादी -ओ-असीरी थी। बहुत से कुनबे एक घर में, नये घरों में अलग-अलग शिफ़्ट होने से पहले, बाड़े के जानवरों की तरह भरे हुए थे। किसी भी चचेरे हमउम्र से हमकलाम होने पे पाबन्दी थी। खिड़की में खड़े हो अनारकली बाज़ार की दुकानों में शोकेस में बने बुत के पहने कपड़ों को देखने को मना किया गया था। मैंने दिन-रात क़ुरान शरीफ़ पढ़ना, मानी पढ़ने और अर्द्धरात्रि की नमाज़ें तक अदा करना, अपने रोज़मर्रा में शामिल कर लिया। अब फिर सब नाराज़

"बावली हो गयी है। हर वक़्त नमाज़, वज़ू, जलाल के वक़्त और दोनों वक़्तों के मिलने के समय, कुरान शरीफ़ पढ़ना अच्छा नहीं होता। उस वक़्त कुछ खाना पीना भी अच्छा नहीं... बस करो।"

मुझे याद आया एक ज़माने में मेरी हरकतों से तंग आकर अम्माँ ने मुझे किसी बीबी के पास क़ुरान ख़त्म करने के लिए बिठा दिया। उन का घर कुछ दूर गली के नुक्कड़ पर था। वह बीबी पहले तो अपने घर के बर्तन धुलवातीं या घर में झाड़ू दिलवाती, आटा गुंधवातीं और कहती "हज़रत बीबी फ़ातिमा! सारे काम अपने हाथ से करती थीं। तुम को भी आदत पड़ेगी तो सुखी रहोगी।" मैं सेह्पारा सामने रखे बड़बड़ाने लगती" क्या मुसीबत है घर में अम्माँ मसाला पिसवाती हैं और हाथों में मिर्ची लगती हैं। बुआ झाड़ू दिलवाती हैं और चुना हुआ दुपट्टा गन्दा होता है "रोज़ यही होता, मैं बड़बड़ाती ज़्यादा और सेह्पारा कम पढ़ती।

एक शाम मुहल्ले की लड़कियाँ इकट्ठी सेह्पारा पढ़ कर आयीं। हमारी गली आगे से बन्द थी, हम सब मिल कर आँख-मिचौली खेलते थे। घर वाले मुत्मईन थे कि यहाँ बाहर से कोई आ नहीं सकता, चलो ज़रा घड़ी बच्चियाँ सब साथ खेल रही हैं कि एकदम चोर लड़की ने चीख़ मारी "ओई यह क्या है" सारी लड़कियों ने पलट कर देखा। दायीं कोने वाले घर के बुज़ुर्ग जल्दी जल्दी कमरबन्द बाँधे हुए, वापस पलट रहे थे। सब लड़कियाँ चोर लड़की के पीछे पड़ी थीं "बोलो न क्या हुआ? क्या किया था? बाबाजी ने कुछ कहा?" और वह लड़की, वह चोर लड़की जो मैं थी। बस उँगली उठाये, घिघियाये लरज़ते होंठों और शराबोर बदन के साथ, सामने देखे जा रही थी। दो-चार घरों की बड़ी-बूढ़ी औरतों ने मौक़े की नज़ाकत को अधपछता समझ कर, सब लड़कियों को अपने-अपने घर में धकेल दिया। उसके बाद मेरा बीबी के घर जाना बन्द हो गया।

अर्द्धरात्रि की नमाज़ और जलाली वज़ीफ़ों के ज़माने में मेरी उम्र कोई दस साल थी, रात को दो बजे उठने और वज़ू कर के मुसल्ले पर बैठते हुए मुझे ज़रा डर नहीं लगता था। गर्मियों का ज़माना था। सब छत पर सोये थे। मैं मुसल्ले पर थी। अजब लम्हा आया मेरे वज़ूद के अन्दर से होती हुई कोई

उँगली साये की तरह गुज़र गई। मेरा मुँह कड़वा हो गया एक दफ़ा फिर मेरा बदन पसीने से शराबोर हो गया। मैं अम्माँ के पलंग की सम्त पलटी, अम्माँ बिस्तर पर नहीं थीं, अब्बा के पलंग की जानिब देखा। उनका पलंग भी ख़ाली था। निचली मंज़िल की छत पर देखा वही साया मुसल्ले पर खड़ा था। मैंने ग़ुस्से में अपना मुसल्ला उठाया और नीचे फेंक दिया। मेरी समझ में न पहले कुछ आया था न अब कुछ आया, मेरी समझ में तो ठण्डा गोश्त भी नहीं आया था और जब मैंने किताब ले जाकर भाई से पूछा इसमें क्या है जिस पर मुक़दमा चल रहा है। मैंने तो कई मर्तबा पढ़ा है, मुझे पता नहीं चल रहा। तड़ाख़ से मेरे मुँह पर थप्पड़ और किताब हाथ से छीन ली गयी थी। किस किस की किताब हाथ से नहीं छीनी गयी? बचपन में घरवालों ने और बड़े हो कर सरकारों ने मगर मलाल की कौन-सी बात अपनी तारीख़ देखो। चौराहों पर किताबें जलाने के वरक़, तुम्हारा ही विरसा हैं। किताबें बैन होने की तारीख़ तुम्हारे अपने ज़माने का हिस्सा है। फ़त्वों की तारीख़ तलाश करने की ज़रूरत ही नहीं। क़दम क़दम, मुसल्मान मुल्क-मुल्क ऐसी संगबारी की जद में हैं।

अंधी सफ़िया बीबी ने भी जब सवाल किया "मेरे साथ ज़्यादती हुई। मैं हामिला हुई। मैं ज़्यादती करने वाले का नाम नहीं जानती।" धार्मिक अदालत ने उस के मुँह पर थप्पड़ मारा। उसके लिए 20 कोड़ों और 14 साल क़ैद की सज़ा तज्वीज़ की। वह भी सज़ा को सुनकर शराबोर हो गयी थी। ज़मीन एतबार नहीं करती, आस्मान यक़ीन नहीं करता मगर पाकिस्तान में यह हुआ, गुज़िश्ता 14 बरस में 1979 से अब 1993 तक, कि शौहरों ने बीवियों को ज़िना के जुर्म में जेल भिजवा दिया कि वे सुकून से दूसरी शादी कर सकें। भाइयों ने बहनों पे ज़िना का इल्ज़ाम लगाया और उनका हक़े विरासत हड़प कर लेने में मर्दानगी महसूस की, बेटियों को बापों ने ज़िना का मुजरिम ठहराया कि वे अपनी मर्ज़ी की शादी न कर सकें और बाप वह ज़र फ़रोख़्त हासिल कर सकें जिसके एवज़ उनकी ज़िन्दगी में ख़ुशहाली आ सके।

इस तहरीर और इन वाक़िआत को कोई वालपोर्ट या ख़ुशवन्त सिंह नहीं लिख रहा कि उसे तरफ़दारी करने वाला और झूठ बोलने वाला कहा जा सके, हिना, आमिमा, रशीदा पटेल, शाहीन सरदार अली और फ़ख़्रुन्निसा जैसी

वकील न होतीं तो शायद यह सच भी शहज़ादियों की तरह दीवारों में चिनवा दिया गया होता।

लोग फ़िरऑन के ज़माने की सबक़ देने वाली बातें सुनाते हैं। उसे तो इस्लाम से पहले का ज़माना कहा जाता है। इस्लाम क़ानून लागू करने वालों और धार्मिक अदालतों ने तो यह भी कह दिया कि बलूचिस्तान की तेरह साला बच्ची, बाप की ज़्यादती की शिकायत, मामूँ के उकसाने पे कर रही है कि मामूँ बच्ची के हिस्से की जायदाद पर क़ब्ज़ा करना चाहता है। मैं देख रही हूँ मैं सुन रही हूँ।

फिर वह ज़माना आया कि जब बापों में बेटी के साथ ज़िना का मुक़दमा दर्ज कराने का मुक़ाबला हुआ। यह ज़िक्र फ़िरऑन के ज़माने का नहीं। 1993 में पाकिस्तान नामी सरज़मीन के देहातियों के ज़िन्दा वाक़िआत हैं। बापों ने ज़र के एवज़ उस रुस्वाई को गले लगाया और हमारे नामी-गिरामी सपूतों ने टेलीविज़न पर दिखाया और सारी औरतों के मुँह पर थप्पड़ मारा।

बचपन की यादों में परियों की कहानियाँ या अलिफ़ लैलवी शहज़ादियों के क़िस्से कम और ख़ौफ़ के ज़माने ज़्यादा हैं। यह अलग बात है कि जवानी और बुढ़ापे को भी ज़िन्दा रखने के लिए इन ही भट्टियों की आँच में भोभल होना पड़ा।

क़यामत से डराने की हवा होश के पहले झोंके के साथ आयी थी। गुड़िया खेलना तो आवाज़ "मत खेलो। वर्ना क़यामत के दिन इनमें जान डालनी पड़ेगी" "दो चोटियाँ बाँधी तो लानत मलामत "क़यामत के दिन दो साँप तेरे सर के साथ बँधेंगे। "चूड़ियाँ न पहनीं तो दबका "अल्लाह मियाँ चूड़ियाँ न पहनने वाली की नमाज़ क़ुबूल नहीं करता, क़यामत के दिन पूछताछ होगी।" छत पर चढ़ जाना तो शोर "ऐ है कोई बला भूत चिमट जायेगा। ऐ है लम्बी लम्बी पाटदार चुटिया है। कोई जिन्न भूत देख लेगा। आशिक़ हो जायेगा। चल सर ढक, नीचे उतर, वर्ना क़यामत के दिन तुझे तेरा हिसाब अल्लाह मियाँ के सामने देना पड़ेगा।" जब कभी सरकंडों को झण्डे की तरह पकड़ कर मातम करने वालों की तरह सीना पीटते और मर्सिया पढ़ते चलना। अम्माँ ने देखते ही चुटिया पकड़ कर घसीटना "कलमुँही सय्यद घराने को बदनाम कर रही है, सीना पीट रही है। ऐ क़यामत में अल्लाह मियाँ तेरा सीना पीटेंगे।"

"ऐ है ख़ुद शादी कर रही है। धर्म मना करता है। मैं दूध नहीं बख़्शूँगी। मैं उस का चेहरा नहीं देखूँगी।" अम्माँ ने कई साल तक मेरा चेहरा नहीं देखा और जब देखा तो कलेजे से लगाकर प्यार नहीं किया। अधूरा-सा हाथ मेरे सर पर था। कोख की गर्मी तो तलियों तक आ जाती है। अपनी आँच छिपाती नहीं है।

"ऐ है शौहर के मरने के पन्द्रह दिन के बाद वह दफ़्तर जा रही है। इद्दत भी पूरी नहीं कर रही। तौबा-तौबा क्या ज़माना आ गया है।" हाँ घर में रह कर सारा दिन चूल्हे पर झुके मौजूद ख़ानदान के लिए ख़िदमत गुज़ारी में जुटे रहो। वह शरई इद्दत है और उन को छोड़कर अपनी तन्हाई को फ़ाइलों में डुबोने का नाम-क़यामत के बोरिये समेटना है।

"औरत तो है कमतर दर्जा...वर्ना औरत ख़ुदा न होती, पैग़म्बर होती, मर्द के बराबर होती...इसलिए औरत हुकूमत करने वाली हो सकती..."कौन कह रहा है...कौन फ़ैसला सादिर कर रहा है...वे सब जिन को अवाम ने मुस्तरद किया। वोट नहीं दिया, अपनी नुमाइंदगी के लायक़ नहीं समझा। वे मज़हब की ढाल इस्तेमाल करने की जुरअत, हर उस दूसरे दिन से शुरू कर देते हैं जब अवाम उन के ख़िलाफ़ फ़ैसला सुनाते हैं वे मर्द हैं...वे ख़ुदा हैं...कि उन्होंने ख़ुदा को हमेशा मर्द बनाकर पेश किया है। मेरे सामने बचपन में ख़ुदा का रौब और दबदबा जिस आलम में बयान किया जाता, मैं उसे आसमान पे बादशाह के रूप में बैठा तसव्वुर करती। यह तो किसी ने बताया ही नहीं कि पनाह और दुआ सिर्फ़ आसमान की सम्त देखकर क्यों माँगी जाती हैं, जबकि अगर वह है तो आप की शह रग से भी क़रीबतर है। अगर वह है और पत्ता भी उसके हुक्म के बग़ैर नहीं हिलता तो औरत का वज़ीरे-आज़म होना, एक दफ़ा नहीं दोबारा मुंतख़ब होना, आख़िर किसी हुकूमत की भर्त्सना की दलील तो है! लन्दन की मेरी दोस्त आलीफ़ मेरज कहती है "औरत माँ है, बच्चा पैदा करती है। आप पैदा करने वाले को ख़ुदा कहते हैं और औरत की समानता से इन्कार करते हैं" यार लोगों ने उस की किताब पर पाबन्दी लगाने और फिर उसको डिपार्टमेंट से निकालने का शोर मचाया। मेरी किताब पर भी पाबन्दी का सबब धार्मिक शिष्टता की गोद में डाल दिया गया। मैं 1983 में अमेरिका में थी। मुझे अमेरिकी प्रेस के ज़रीये अपनी किताब पर पाबन्दी का इल्म हुआ।

मैंने किया क्या था। सिर्फ़ सेमोन डी बुआ की सेकिण्ड सेक्स का तर्जुमा किया था! अंग्रेज़ी एडिशन कभी बन्द नहीं किया गया। कहा गया उर्दू तर्जुमे के ज़रिये औरत के बदन के बारे में असभ्य बातें आम करने का यह दूषित प्रयास है। इसीलिए हर सूबे में अलग-अलग पाबन्दी लगने और पाकिस्तान भर में पाबन्दी लगने के पाँच ऐलाननामे अख़बारों में शाए हुए।

मैंने तो फिर भी कोंपल बुनती हुई औरत के जिस्म का माजरा, मनोवैज्ञानिक विस्तार के साथ पेश किया था, चलो उसे पढ़कर क्लर्कों को पसीना आ गया होगा। भला इकरामुल्लाह की किताब "गुर्गे-शब" में क्या था? फ़ख़्रुज़्ज़मां की किताब "इक विखरे बन्दे दी कहानी" में क्या था?

हर्फ़ों का क्लर्कों के ज़रीये सेन्सर होने का ज़माना दस बरस तक फैला हुआ रहा कि जब क़ुरानी आयात तक सेन्सर करने की जुरअत आ गयी थी। अल्लामा इक़बाल को "या तेरा गिरेबाँ चाक, या दामने-यज़्दां चाक" के ऐलान की रेडियो, टीवी पे इजाज़त न थी।

टेलीविज़न पे मर्द को औरत को हाथ लगाने की इजाज़त न थी। एक पलंग पर बैठने की इजाज़त न थी। ये सोलहवीं सदी की बातें नहीं। ये उन लोगों की बातें हैं जो ऐलान करते थे "हम इक्कीसवीं सदी में दाख़िल होना चाहते हैं।"

यह सारा माजरा अभी मुझे हंगरी के कहानीकार ग़ैरा क़जार की कहानियों की तरह लगता था। उसके ख़याल में माँ और तवायफ़ दोनों तिरस्कार के क़ाबिल है कि ये सारे रिश्ते मर्द की मेहनत और दौलत को हड़प कर जाने के शाख़साने हैं उसके ख़याल में ख़्वाब में आने वाली औरत ही अच्छी है कि वह कुछ तलब नहीं करती है।

मैं क्या करूँ? मज़हब के ठेकेदार मुझे ख़रय्याम ग़ौरी अमेचाई और कारमी अदीबों की किताबें हासिल नहीं करने देते। उस वक़्त बलाज़ियो में जहाँ मैं हूँ वहीं पे उगने वाले फल, हम रोज़ खाते हैं, वहाँ सामने बहने वाली झील का पानी हम पीते हैं। बलाज़ियो की खुनक हवा की ताज़गी में ख़ुद को तरोताज़ा देखकर भी मुझे इजाज़त नहीं कि मैं उसे जन्नत मुक़ाम कह सकूँ।

मज़हब के नाम पर शाह बानो जैसी 80 साला ख़ातून को अदालत से मिला हुआ हक़ वापस लौटाना पड़ता है। मज़हब के नाम पर मर्द को चार

शादियों का हक़ देकर मुआशिरा ख़ुद को बड़ा बेफ़िक्र ख़याल करता है। मुझ से मेरे एक लिबनानी दोस्त ने पूछा "ख़िना की शाइरी पढ़ी है? मैंने कहा हाँ, जहाँ तक दस्तयाब हुई।" उसने कहा–और दौरे–जाहिलिया की शाइरी? मैंने कहा–मैं उस बारे में कुछ नहीं जानती।" लिबनानी दोस्त ने कहा "अस्ल इल्म और अस्ल शाइरी तो उस वक़्त थी। "हमें तो स्कूल के निसाब में वो शाइरी पढ़ाई गयी है। मगर हमें तो मज़हब के नाम पर बहिश्ती ज़ेवर, पक्की रोटी और कामसूत्र जैसी जाइज़, इल्म के दरवाज़े बन्द! जहालत के दौर की शाइरी नामंज़ूर!

पहला सनम

जैसे बार-बार के पहने जूतों में बिना देखे पैर डालने की आदत हो जाती है उसी तरह रिश्तों की सीढ़ियों पर चढ़ो या उतरो साँस नहीं फूलता कि साँस तो जानदार लम्हों को गिरफ़्त में लेने से फूलता है।

मेरा सितारा जैमिनाई है। उसकी निशानी दो चेहरे हैं। कभी धूप कभी साया, जैमिनाई में कहते हैं, सात औरतें ज़िन्दा होती हैं। मेरी इस कथा को बयान करने में, बारी-बारी ये औरतें रूप बदलती आयेंगी। कभी महलका होगी। कभी लैला, कभी ज़रीं ताज, कभी मीरा बाई, यशोधरा और सना जैसी शहज़ादियों की कहानियाँ भी होंगी और फिर हव्वा तो है ही, कि पहचान को अनजान और हुशियार को ख़ामोश बनाने की ये होश उड़ा देने वाली कहानियाँ, क़लम को खंज़र बनाने पर तुली हुई है।

मगर इन कहानियों में पहले अभी तो बेघरी और दर-बदरी की दास्तान बाक़ी है, जेल से पाकिस्तान आने वाले बाप ने क्लेम दाख़िल करने को हराम समझा और हम कभी गढ़ी शाहू, कभी सन्त नगर और कभी कृष्ण नगर की गलियों में पराई छतों के नीचे रहते रहे।

मकान की तलाश की बेसूद मंज़िल में 1953 का पड़ाव आया और हम गढ़ी शाहू की बस्ती मुहम्मद नगर रहने लगे। नया-नया बसा ख़ूबसूरत मुहल्ला था। लड़कियाँ हर घर में जवान थीं। ख़ूब क़हक़हे लगातीं। चित्रों के पीछे से झाँकतीं और आधी टाँगें बाहर चिक़ से निकाल कर अपने पैरों के रंग से अपने चेहरे का रूप शिनाख़्त करवातीं। यहाँ पहली दफ़ा पाकिस्तान आने के 4 साल बाद घर का अहसास हुआ। स्कूल में दाख़िला बहुत मुश्किल था। मैं छठी क्लास पास कर के आयी थी और अब नौवीं क्लास में सीधे दाख़िले का

कोई तरीक़ा नहीं था। टीचर्स ने टेस्ट लिए। सब में आला नम्बरों के बावजूद दाख़िले का मसला हल न होता था। प्राइवेट स्कूलों का उस वक़्त भी यह हाल था, ख़ुदा-ख़ुदा कर के, बड़ी बहनों ने जाने क्या-क्या जतन किये। तब जाकर नौवीं क्लास में दाख़िला मिला। उसी ज़माने में अख़बारों में लिखने का शौक़ भी पैदा हुआ। अंग्रेज़ी पढ़ने और अंग्रेज़ी की किताबें पढ़ने का शौक़ हुआ। अंग्रेज़ी का अख़बार अपनी पॉकेट मनी में से लगवाया कि सारे घर वाले उर्दू का अख़बार पढ़ते थे और अंग्रेज़ी के अख़बार में बच्चों के सफ़्हे पर हर हफ़्ते मेरे नाम के साथ कभी कहानी, कभी कोई मज़्मून छपता था। उसी ज़माने में अख़बारों ने क़लमी दोस्ती का कॉलम शुरू किया। मैंने भी कॉलम भर कर भेज दिया। अब क्या था। एक तूफ़ान था। रोज़ पचास-साठ ख़त और अम्माँ का ग़ुस्से के मारे बुरा हाल, उसे जुरअत कैसे हुई। मूये मर्दों के ख़त मँगवाये। मगर जब देखा कि सारी बहनें और भाई उस में लुत्फ़ लेने का पहलू ज़्यादा निकाल रहे हैं और बात मज़ाक़ में ख़त्म हो जायेगी, तो उन का ग़ुस्सा ज़रा कम हुआ (इस तरह के ख़तों का अंबार, यूसुफ़ की मौत के बाद भी लगा था) (हमारे यहाँ तो सरेआम फाँसी का मंज़र भी हो तो लोग अपना-अपना नाश्तादान ले कर क़त्ले-आम का मेला देखने पहुँच जाते हैं) अम्माँ के ग़ुस्से में कमी देख कर सब बहन-भाइयों को शौक़ हुआ और एक साहिब कि जिन्होंने मिलने की ग़रज़ के लिए एक ख़त में दो दफ़ा यह लिखा था कि मैं आपसे मिलना चाहता हूँ। उनको ख़त मेरी तरफ़ से लिख दिया कि मैं भी आप से मिलने के लिए बेचैन हूँ। चन्द दिन बाद वो साहिब बोस्की का जोड़ा पहने हाथ में तोहफ़ों के अंबार लिए ताँगे से लदे-फन्दे उतरे। फिर तो ग़ज़ब हो गया। हर एक की सिट्टी गुम थी। मज़ाक़ में चूँकि सब बहन-भाई शरीक थे इसलिए मेरी बोटियां सलामत रहीं। अलबत्ता उस शख़्स के इस क़दर संजीदा होने और फिर इतने सारे तोहफ़े लाने पे सब के औसान ख़ता थे कि कहीं लेने के देने न पड़ जायें।

जब उन्हें सच्चाई मालूम हुई कि मौसूफ़ा की उम्र सिर्फ़ तेरह बरस है। नौवीं क्लास में पढ़ती है, शौक़िया क़लमी दोस्ती का कॉलम भरा था। फिर भी उन्होंने मायूसी का दामन न पकड़ा और यह कह कर रुख़्सत हुए कि मैं कई बरस का इन्तज़ार कर सकता हूँ। बाद में बेचारे ने बेशुमार ख़त लिखे मगर मज़ाक़ और हँसी की नज़्र होते गये। यह क़िस्सा ज़रा गली तक भी पहुँचा तो

हमउम्र लड़कियों का भी इश्क़बाज़ी और प्रतिस्पर्द्धा का जज्बा जागा कि क्या ज़रूरी है कि हीर के लिए तख़्त हज़ारे ही से रांझा बरामद किया जाये। फिर क्या था। छतों पे पतंग उड़ानी कम और दूसरी छत पे उस वक़्त गिरानी ज़्यादा, जब लड़कियाँ ऊपर हों। पतंग पे या पतंग के साथ लटकी काग़ज़ की पर्ची पे तहरीर, कभी चेहरा दिखाओ, कभी मिलो तो...और फिर कच्चे आशिक़ों का तुरुप का पत्ता "कोई निशानी अपनी मुझे दो और कोई निशानी मेरी क़ुबूल करो "साथ ही गुलाबी रंग से कढ़े फूल का रुमाल, छत पर इन कामों का नतीजा यह कि अहवाल किसी को भी मालूम न था। स्कूल जाती तो बुर्क़े में होने के बावजूद बस स्टॉप से स्कूल तक साथ-साथ चलना। सख़्त बेज़ार थी कि इतने में कुछ सहेलियों से सलाह मश्वरा किया और एक उस्तानी को सरदार बनाया और यूँ उन साहिबज़ादों का दिमाग़ दुरुस्त किया।

साहिबज़ादों का दिमाग़ दुरुस्त हो गया। मगर उस्तानी का दिमाग़ ख़राब हो गया। अब वह उस्तानी जी मुझे छोड़ने घर तक आने लगीं कि शायद मेरा ख़ौफ़ अभी मुझ पर हावी है। सारे घर वाले उस्तानी की मुहब्बत के क़ाइल और प्रशंसक, मैं डरी हुई कि सारी उस्तानियाँ ये कह कर मज़ाक़ उड़ातीं कि बस...तुझे बहुत प्यार करती है। वह फ़ारसी की उस्ताद थीं। मुझे फ़ारसी में गुलिस्तान बोस्तान कंठस्थ थीं, वह एक हर्फ़ कहतीं मैं पूरी हिकायत सुना देती, वह एक उन्वान बतातीं मैं कहानी दोहरा देती। इम्तिहान में मेरी लियाक़त देख कर उन्होंने नौवीं क्लास को फ़ारसी में मज़्मून लिखने को कहा। अभी लड़कियाँ सिर्फ़ जुम्ले बनाना सीख रही थीं। मज़्मून का सुनकर जान निकल गयी और मैं मिनटों में मज़्मून लिख ये जा वो जा। बड़ी चर्चा हुई मेरे मज़्मून की और दसवीं क्लास को भी मेरे पर्चे की नक़ल दिखाई गयी, मगर सालाना इम्तिहान में मेरे नम्बर ज़्यादा नहीं आते थे। जो लड़कियाँ हमारी तरह सामान्य ज्ञान की पढ़ाई के हवाले भी देती। उन को कम नम्बर मिलते कि तुमने अपनी हदों को तोड़ा है। ख़याल में नयेपन की क़ीमत, ज़िन्दगी, इल्म और नौकरी में हर जगह देनी पड़ती है।

क़ीमत तो मुझे फ़ारसीदानी की भी देनी पड़ी। एक दिन उस्तानी जी ने अम्माँ से कहा कि मैं इसे अपने घर ले जाना चाहती हूँ। मैंने मना किया, बल्कि इन्कार किया तो अम्माँ ने सख़्ती से कहा कि मुहब्बत तो पचती ही नहीं तुझे,

उस्तानी इतना प्यार करती है तो उड़द के आटे की तरह ऐंठती ही जा रही है। मरती क्या न करती चली गयी। अभी सर्दी के मौसम की शुरुआत थी, हल्की सी शॉल निचले बुर्के के ऊपर लेने का रिवाज़ भी था। मैंने ऊपर ली और मुग़लपुरा पहुँच गयी।

उस्तानी जी ने घर में पहले से कहा हुआ था कि बिस्तर पर आने-जाने वाले मेहमानों के लिए ख़ासकर संभाली हुई सफ़ेद कढ़ी हुई चादर शिकनों समेत बिछी थी। उस के साथ के फूलों के तकिये ग़िलाफ़ भी थे। फ़र्श ताज़ा-ताज़ा धुला हुआ था। चूल्हा भी गर्म था। हमारे कमरे में पहुँचते ही गुफ़्तगू का कोई बाक़ायदा सिरा पकड़ने से पहले ही एक प्लेट में छिले-छिलाए उबले अंडे आ गये। मुझे पास बिठाकर मेरे मुँह में अंडे देते हुए मेरे बहुत क़रीब होते हुए उस्तानी ने कहा "खाओ ना"। अल्लाह जाने क्यों मेरे ज़हन में सारी उस्तानियों और लड़कियों के क़हक़हे जाग रहे थे। मैंने अंडा आधा अन्दर और आधा बाहर रखे भरे हुए मुँह से कहा "मैं ग़ुसलख़ाने...फ़ौरन मुझे ग़ुसलख़ाने का रास्ता बताया गया। ईंटों की बनी खड्डियाँ। मेरे खड़े होने और आज़ादी से साँस लेने के लिए काफ़ी जगह थी। वापस आयी मेज़ पर हलवा, चाय, बिस्किट बड़े सलीक़े से रखे थे। मुश्किल यह थी कि कमरे में पलंग एक ही था कुर्सी भी न थी। पलंग पे बैठना लाज़मी था। वैसे मेरे ज़हन में अब तक कोई स्पष्ट ख़याल नहीं आया था कि मंटो की "ठण्डा गोश्त" कहानी कई दफ़ा पढ़ने के बावजूद मेरी समझ में नहीं आयी थी। किसी को पूछी भी नहीं सकती थी कि आख़िर इस कहानी का मतलब क्या है। हाँ, यह ज़रूरी हुआ था और ये कई बार हुआ था कि एम असलम, कैसी रामपूरी और इसी तरह के नॉवलों में हीरो और हीरोइन के मिलाप और सुहागरात के क़िस्से, बार-बार पढ़ने, छिप कर पढ़ने और उस के बाद एक लम्बे साँस के साथ ज़ायके के तब्दीली को अपने अन्दर घोलते हुए हर तरफ़ देखना कि किसी ने देखा तो नहीं। बहरहाल वे सारे क़िस्से फिर मुझमें ज़िन्दा होते महसूस हुए, कि अब उस्तानी जी का हाथ मेरे माथे और मुँह पर था और एक धक्के के साथ मैं बिस्तर पर थी। मुझे हमआग़ोश कर के अभी दूसरे तकिये को दुरुस्त करने के लिए उन्होंने मुझे ज़रा छुआ तो मैंने हाथ जोड़ कर रोना और गिड़गिड़ा कर यह कहना शुरू कर दिया कि मुझे माफ़ करें। मुझे घर जाने दें, उनकी वाल्दा

अन्दर आ गयीं। मैंने बुर्का सँभाला, जल्दी से बाहर आयी। भागती-भागती पैदल ही घर पहुँची। सब मेरी उड़ी रंगत पर हैरान थे, लेकिन मेरे इस जवाब पर कि आज बहुत मुश्किल फ़ारसी का सबक़ पढ़ा है। सबने अपनी तवज्जो अहम कामों की तरफ़ मब्ज़ूल कर ली।

स्कूल में लड़कियों के उस्तानियों के साथ आशिक़ाना रवैयों के क़िस्से आम थे। हम समझते थे कि जो लड़कियाँ पढ़ना नहीं चाहती वे ऐसे फ़िज़ूल कामों में गिरफ़्तार होती हैं। मगर यह ज़रूर देखते थे कि ऐसी लड़कियाँ कैसे उस रास्ते पे जानबूझ कर खड़ी होती हैं जिस पर से उस्ताद को गुज़रना होता है। कैसे कढ़ा हुआ रुमाल, शॉल, तकिया, ग़िलाफ़, स्वेटर बुनकर उस्तानी को देना। अगर कुछ नहीं तो स्कूल के बाग़ ही से सही, एक फूल तोड़कर बालों में लगाने के लिए सुबह-सुबह टीचर्स रूम में देना। ऐसी ज़्यादातर लड़कियाँ पढ़ाई बस शौक़िया ही करती थीं। मगर हम जो पढ़ाकू लड़कियाँ थीं वे शायद बुज़दिल भी थीं, कि चाहते तो हम भी थे कि कुछ हो मगर किताबों के लफ़्ज़ों और लिखे हुए मंज़रनामों से मिलन के शायद आदी हो चुके थे।

उसी ज़माने में फौजियों से शादी का ख़याल बड़ा रोमांटिक लगता था। लड़कियाँ बैठतीं तो अपने फ़ौजी क़जन से गुफ़्तगू इशारों और ख़तों की बातचीत करती। हालाँकि महसूस होता कि सारा ख़याली पैकर है मगर फिर भी अपनी कम मायगी पे अफ़सोस होता कि हमारा कोई क़जन फ़ौज ही में नहीं है कि हम भी उस का ख़याली पैकर बना सकें। यह अफ़सोस आज तक दामन पकड़े है। वर्ना तरक़्क़ियों और इज़्ज़त के समुन्दर बिन तैरे हम भी पार कर सकते थे। मगर क्या ज़रूरी था कि वाक़ई कोई क़जन ही हो। जहाँ ख़याल सारा मंज़रनामा बना सकता है वहाँ एक क़जन भी तो बना सकता था। हक़ीक़त से रिश्ता न तोड़ने का अमल बचपन से शुरू हुआ तो ख़याल की पहनाइयाँ, जज्बे की सच्चाई के बग़ैर, रुनुमाई नहीं कराती हैं।

मैट्रिक का इम्तिहान देने के लिए मैंने घर वालों से इजाज़त माँगी कि स्कूल में एक बड़ा कमरा ख़ास तौर से पढ़ाकू लड़कियों के लिए दिन-रात रहने और पढ़ने के लिए रखा गया है। मैं वहीं रहूँगी। मेरी ज़िद मानी गयी। रही तो पढ़ने के लिए थी मगर पढ़ा कुछ और हेड मिस्ट्रेस कमरे में होतीं तो हमें अन्दर जाने की इजाज़त न थी। अब हमारी पढ़ाई की तैयारी एक तरफ़

और यह तलाश दूसरी तरफ़ कि आख़िर ये दोनों एक बिस्तर पर करती क्या हैं? मुझे फ़ौरन "मिस" याद आ गयीं। मगर किसी और को वह बात बता नहीं सकती थी। हुआ यह कि आधी रात को हम पढ़ रहे थे और उधर कहक़हों और सरगोशियों की आवाज़। धड़ाम धड़ाम–कराह–बस–ठहरो–हम एक-दूसरे को देखते। हैरान होते और शर्मसार कि अब तो घर भी वापस नहीं जा सकते कि पढ़ने को आये हैं। सब से ज़्यादा तैयारी का महीना सबसे ज़्यादा बेकार गुज़रा। मेरी दिलचस्पी इसलिए भी न थी कि मैं तो ख़ुद उसी ज़ायके के पास से भागी थी।

इम्तिहान देकर मुझे गाना गाने का शौक़ हुआ। सारे फ़िल्मी गाने तो मुझे याद ही थे। हर फ़िल्म का नाम गाने वाली का नाम, सब कंठस्य थे। हर महफ़िल में मुझसे गाने की फ़रमाइश की जाती और मैं बारीक-सी आवाज़ निकाल कर गाना गाती। जानती थी कि कुछ लोग हँस रहे हैं, मगर मैं सोचती बड़ी गाने वालियों के साथ भी यही हुआ होगा। मैंने सोचा था मुझे सारे लफ़्ज़ दुरुस्त आते हैं। इसलिए गाना भी गाया जा सकता है। मगर अफ़्सोस यह हुआ कि मेरी गायकी और गाने की सारी तवज्जो मेरा रिज़ल्ट ले गया। मेरी फ़र्स्ट डिवीज़न कुछ अच्छे नम्बरों के साथ आ गयी थी। कॉलेज में दाख़िले के लिए कहा तो जवाब मिला-पागल हो। तुम्हारे ख़ानदान में किसी ने आगे पढ़ा है जवाब मिला नहीं तो फिर तुम क्यों ज़िद करती हो। मैंने कहा मेरी तो स्कॉलरशिप आई है। जवाब दिया–वह तो बड़ी का भी आया था। हमने नहीं पढ़ाया अब समझ में नहीं आता था कि वही अम्माँ जो अपने बाप के सामने इंक़लाबी थीं अब हमारे सामने रूढ़िवादी क्यों निकल रही हैं। वही अम्माँ जो पाकिस्तान आते ही इस्लामिया कॉलेज में लियाक़त अली ख़ान का जल्सा सुनने को ख़ानदान भर को साथ ले कर गयी थीं। वही अम्माँ को जो अलीगढ़ में सरोजिनी नायडू की वाइस चान्सलरी में भाई जान को मिलती डिग्री देखने गयी थीं (मेरे कानों में आज तक सरोजिनी नायडू की आवाज़ गूँजती है।) वही अम्माँ कि जिन्होंने हम बहनों को ही ऊँचे बुर्क़े पहनने की इजाज़त दे दी थी कि यूपी में तो पैरों तक के बुर्क़े का रिवाज़ था। जबकि यहाँ आते ही पहला फ़ैशन जो सीखा था वह घुटनों से नीचा बुर्क़ा था। कुछ लड़कियाँ बाज़ुओं तक ढका बुर्क़ा भी पहनती थीं और बुर्क़े में इतने प्लेट पड़े होते थे कि सारे

जिस्म के नक़्श साफ़ उभरे नज़र आते थे। बाद में पता चला कि ये ख़ास बुर्के तो क़ादयानी फ़िरक़े के लोग पहनते हैं और यहीं क़ादयानी झगड़े से लरज़ने वाला शहर लाहौर, थोड़ा-सा समझ में आया था।

अम्माँ के अलावा और कोई नहीं था कि जिसके आगे फ़रियाद हो सकती। बड़ी बहनें तो पहली ही अधमरी आलम में थीं। एक को मैट्रिक किये छह बरस और दूसरी को आठ बरस हो गये थे। न शादी हो रही थी और न आगे पढ़ रही थीं। शादी न होने का सबब यह था कि पाकिस्तान आने के बाद ऐसे सय्यदज़ादों की तलाश थी जो बेवक़ूफ़ी की हद तक शरीफ़ हों। सिगरेट पीने, सूट पहनने और माओं-बहनों को बिना बुर्के घुमानेवाले, ओबाश नौजवान समझे जाते थे। उन के साथ बहनों की शादी नहीं हो सकती थी। ख़ानदान में शादी न करने की क़सम अम्माँ और अब्बा दोनों ने खायी हुई थी। वक़्त कैसे गुज़रता था। बस वैसे ही जैसे मेले में बसने-वालियों का गुज़रता है। खाना पकाना, घर का काम, फिर तेरे घर से मेरे घर और मेरे घर से तेरे घर, कभी कढ़ाई, कभी बुनाई, कभी पढ़ाई और कभी मिलकर रेडियो ड्रामा सुनना।

हफ़्ते की रात को साढ़े आठ बजे रेडियो पर ड्रामा होता था। सब घर वाले, बल्कि मुहल्लेवाले मिल कर रेडियो ड्रामा सुनते और उस प्रोग्राम में किसी क़िस्म की तब्दीली का सवाल ही पैदा न होता था। सुबह साढ़े छह बजे रेडियो सिलोन से पुरानी फ़िल्मों के गाने और फिर फ़रमाइशी गाने। शाम को बिनाका गीतमाला का हफ़्तावार प्रोग्राम और यह याद रखना कि कौन-सा गाना पिछले हफ़्ते अव्वल नम्बर पर आया था और कौन-सा कितनी मर्तबा मुसल्सल अव्वल नम्बर पर आ रहा है। उसी ज़माने में मोहनी हमीद और बेगम हसीब मलिक की आवाज़ें रेडियो की जान थीं। मोहिनी हमीद की हँसी और आवाज़, रश्क आमेज़ लगती थी। कुछ दिनों में पता चला कि मोहिनी हमीद तो हमारे मुहल्ले ही में रहती हैं। रेडियो के शैदाई होने के नाते, अम्माँ ने उन्हें घर बुलाने की इजाज़त दे दी। खाने पे बुलाया गया। अम्माँ से उन्होंने ग़रारा बनाने की फ़रमाइश की और अम्माँ ने मोहिनी हमीद को ग़रारा सी कर दिया। अब उन्होंने मेरी आवाज़ सुनकर मुझे रेडियो प्रोग्राम में हिस्सा लेने के लिए कॉन्ट्रेक्ट भेजा। यह तो क़यामत हो गयी। अम्माँ ने रो-रो कर घर सर पर

उठा लिया। जवाज़ यह कि सय्यदज़ादी की आवाज़ दुनिया भर में गूँजेगी। तौबा ख़ुदा या! इस घर की बच्चियों बालियों की आवाज़ें तो दीवानख़ाने में नहीं सुनी जा सकती हैं। यह कहाँ से नाम उछाला पैदा हो गयी।

फ़ज़ीहता तो हुआ मगर मेरी छोटी बहन को बच्चों के प्रोग्राम में हिस्सा लेने की इजाज़त मिल गयी। छोटा भाई और छोटी बहन बच्चों के प्रोग्राम में जाते और मैं उनके हाथ बना बनाकर लतीफ़े, कहानियाँ और पहेलियाँ भेजती और उसी कामयाबी पे ख़ुश होती कि मेरी लिखी हुई चीजें रेडियो से प्रसारित तो हो रही हैं।

मेरी ज़िद के बावजूद दाख़िले का मसला खटाई में पड़ गया। मेरी अठवांटी-खटवांटी बे-असर जा रही थी। छह महीने गुज़र गये। मैं घर भर से नाराज़, प्रोग्रामों में जाने से इन्कार, हँसना-बोलना बन्द रखा, मगर कॉलेज में दाख़िले की इजाज़त न मिली, भाई जो कैनेडा में थे। उनके पास रहम की अपील भेजी गयी। दूसरे भाई ने भी पार्ट टाइम नौकरी शुरू कर दी थी। उनके आगे भी गिड़गिड़ाई। आख़िर को फ़ैसला सादिर हुआ कि अगले साल तुम्हें दाख़िल करा दिया जायेगा, बल्कि तुम्हारे साथ बड़ी बहन को भी दाखिल करा दिया जायेगा। इस साल बस सब्र करो।

अब वक़्त गुज़ारना मसला था। यह मसला मुझे सारी उम्र रहा है। मैं बेकार नहीं रह सकती। सुबह के वक़्त अमूमन रोज़ अस्पताल जाते। बीमार एक-आध होती और बीमार भी क्या, किसी के मुँह पर कील हैं, तो किसी को माहवारी का दर्द होता है। भला यह भी कोई बीमारी थी, मगर अस्पताल जाने पर एतराज़ नहीं हो सकता था। पैदल चल कर वहाँ पहुँचते। भला जाते क्यूँ थे। एक तो काफ़ी वक़्त गुज़र जाता था। नित नयी डॉक्टरों के कपड़े देखते, नये फ़ैशन देखते, औरतों की बातें सुनकर शर्माते, मर्दों को घूरते और हँसते देखकर ख़ुद भी हँसते-हँसते घर पहुँच जाते। जिस दिन अस्पताल जाते उस दिन वापसी पे बेसनी रोटी, आम या शलजम का अचार या आम की चटनी दोपहर का खाना होता। बारिश के दिन दाल भरी रोटियाँ, शामी कबाब और रंग-बिरंगी चटनियाँ बनायी जाती।

फ़िल्म देखने की इजाज़त नहीं मिलती थी। अब्बा ने अपनी पसन्द की फ़िल्म "पुकार" ख़ुद टिकट ख़रीद कर दिखायी थी और अम्माँ ने "ज़ीनत"

बस रहे अल्लाह का नाम कभी बड़ी मन्नत समाजत से अंग्रेज़ी फ़िल्म, कोर्स की किताब की फ़िल्म कह कर देखने की इजाज़त मिल जाती और यूँ हमलोग फ़िल्म देखने चले जाते।

"हमलोग " से क्या मुराद? मैंने हम बहन-भाई नहीं लिखा। दरअस्ल आजकल के मलोमालिन्य से अलग होकर भी देखो तो हम एक दूसरे को बहुत चाहते हैं, मगर बेकिनार मुहब्बत का इज़हार हमारी तर्बियत ही नहीं है।

हम एक लालटेन मेज़ पर रखकर पढ़नेवाले और एक छत के तले पलनेवाले बहन-भाई ज़रूर थे, मगर एक-दूसरे पे मुहब्बत निछावर करने और जान देने वाले बहन भाई सिर्फ़ फ़िल्मों में देखे थे। प्रतिस्पर्द्धा का जज़्बा, ईर्ष्या की सरहदों से जा मिलता था। दूसरे की ख़ूबी या कामयाबी को शिकायत बनाकर पेश करने का कोई मौका हाथ से न जाने देना, हमें अपने वजूद का एतबार दिलाता था। एक उम्र के बाद, सारी बहनों को एक-दूसरे के कपड़े आ जाते हैं। मैं अकेली थी जो दूसरी बहनों के बिल्कुल नये कपड़े पहनकर दूसरे कमरे से बाहर निकलकर कॉलेज चली जाती थी। यह अलग बात थी कि इस पर अम्माँ से लेकर सारी बहनें ज़िच होकर बहुत बोलती थीं और कपड़े छिपा छिपाकर रखती थीं। अम्माँ की सिल्क और मलमल की ख़ूबसूरत साड़ियाँ जो रखे-रखे तहों पर से फट रही थीं। उनको भी बक्सों में से निकालकर पहनने का गुनाह मैंने ही किया।

एक-दूसरे के कपड़े पहनने से बुरे लगने का सबब यह भी हो सकता है कि हमलोग अपने कपड़े, ईदी, इनाम या पॉकेट मनी में से बचाई रक़म से बनाया करते थे। वर्ना घर से कॉलेज, स्कूल में पहनने वाली सादा क़मीज़ और सफ़ेद शलवार मिलती थी। वही एक सफ़ेद शलवार जो हम सब लड़कियाँ कॉलेज में सात दिन तक बाक़ायदा पहनती थीं। अहतियात इस क़दर की जाती थी कि सिर्फ़ हफ़्ते को घास पर आराम से बैठते थे। वर्ना छह दिन तक तो शलवार ख़राब होने का ख़ौफ़ नीचे बैठने तक नहीं देता था।

कॉलेजों में अभी मालदार लोगों की हुक्मरानी नहीं हुई थी। हम सब लोग एक समोसा ख़रीदते या घर से लाये आलू के पराठे, रोटी मिलकर खाकर दोपहर का खाना कर लेते थे। कैंटीन हॉस्टल की लड़कियों या फिर रईसों की लड़कियों के बल पर ख़ूब चलती थी। पढ़ने में भी अजब समां था। उर्दू

की लेक्चरर को तो टीचर्स रूम में उर्दू बाज़ार की छपी हुई अश्आर की गाइड पढ़ने के बाद लेक्चर देते सुना था। इसी तरह जुग़राफ़िया और इकोनॉमिक्स की उस्तादों के पास भी पाकिस्तान बनने से कई साल पहले के नोट्स लिखे हुए थे। वही बार-बार दोहराती थीं।

पढ़ना तो ख़ैर एक हद तक जाती अमल होता है, असल चीज़ होती है माहौल, उस्ताद और शागिर्द के दर्मियान रिश्ता, मुलाक़ात, तफ़हीम, कॉलेज दाख़िल होते ही मुबाहिसों और मुशाअरों का सीज़न शुरू हो गया था। डिबेट के लिए अपना नाम लिखवाया, मगर मुशाअरे के लिए सवाल ही पैदा न होता था कि शेर याद रखना और बात थी। मगर शेर कहना, क़तई और बात थी। कभी दूर-दूर तक यह बात भी ज़हन में नहीं गूँजी थी कि मैं शेर कह सकती हूँ। उस्ताद को मेरी उर्दू की रुचि और अनगिनत याद अश्आर के बारे में मालूम था। बांगे-दरा, बाले-जबरील, दीवाने-ग़ालिब और फिर मुशाअरों में पढ़े जाने वाले अश्आर अज़बर थे। पसन्दीदा अशआर की कॉपियाँ भरी हुई थीं। रेडियो पे होने वाले पूरे के पूरे मुशाअरे मेरी कॉपी में लिखे हुए थे, मगर शेर कहने का कभी सोचा ही न था।

यह वह ज़माना था जब एक शाइर ने यूनिवर्सिटी हॉल का मुशाअरा पढ़ा था और यूनिवर्सिटी हॉल की कुर्सियाँ और दरवाज़ों के शीशे टूट गये थे। अख़बारों, रेडियो और रिसालों में ज़िक्र हुआ था उस मुशाअरे का। मगर एक व्यंग्यात्मक ठिठोल के साथ, आने बहाने यह सवाल उठाया जाता था कि उसे लिखकर कौन देता है। मेरा छोटा-सा ज़हन, यह सवाल सुनकर ग़ुस्से से बिलबिला उठता था। मुझे अब भी याद है काली-सी, छोटी-सी मेरी तरह की बेशक्ल (बदशक्ल नहीं कहा) लड़की जिस के बारे में सब कहते, उस की तरफ़ मत देखो। बस आवाज़ सुनो "क्या कमाल तरन्नुम है। क्या पुख़्ता अश्आर हैं। यार देखो, हफ़ीज़ और जोश भी उसके सामने पिट गये। कोई उस्ताद यह काम दिखा रहा है।"

मुझे ग़ुस्से में बड़बड़ाने की आदत हमेशा से थी, मैं घर पर भी भाइयों के फ़िक़रे सुनूँ तो बिलबिलाऊँ। भला औरत क्यों शेर नहीं कह सकती, मगर किसी के सामने अपने ग़ुस्से का इज़हार भी नहीं कर सकती थी। मगर हर जगह अपने आप से ही शाइरा की वकालत करती रही थी। उसी ज़माने में

एक रिसाले का शख़्सियात नम्बर छपा था और अफ़सानानिगार ख़वातीन की शख़्सियात पे मज़ामीन भी, ये रिसाला मैं बार-बार पढ़ती। उल्टी पेट के बल लेटकर छालियाँ चबाते हुए लिखने का क़िस्सा पढ़कर ख़ुद भी वैसे ही उल्टी लेट कर अपनी कोर्स की किताबें पढ़ने की कोशिश करती। उस ज़माने में ये सारी अदबी किताबें मुझे लाकर कौन देता था। ये मेरे मुँहबोले भाई की अता थी। उन्हें शेर लिखने का बड़ा शौक़ था। उन्होंने मेरे शेर पढ़ने और अदब पढ़ने के शौक़ को देखकर अपनी तरफ़ से तोहफ़ा दिया। उस ज़माने में अदबी पत्रिकाओं की सालाना ख़रीदारी के 12 रुपये लगते थे। जो बहुत बड़ी रक़म थी कि हमें तो केवल 4 आने महीना पॉकेट मनी मिलती थी। ए. हमीद, मंटो, कृष्ण चन्दर, इस्मत और इधर शैले, कीट्स, ब्राउनिंग पढ़ने के लिए भेजे। अंग्रेज़ी नॉविल की बात करो तो जवाब देते तुम अभी छोटी हो। तो फिर ये अंग्रेज़ी किताबें कुछ स्कूल और फिर कॉलेज की लाइब्रेरी से लाकर पढ़ने लगी। जो भी मेरे हाथ में नॉविल देखता, शोर मच जाता। अब मैंने किताब पढ़ने का प्रोग्राम ही बदल डाला। सरे-शाम दूसरे बहन भाई पढ़ रहे होते। मैं सो जाती और सुबह चार बजे जब सब सो रहे होते तो मैं इत्मीनान के साथ कोर्स की किताबों के साथ, फ़िक्शन और नॉविल पढ़ रही होती। 'वार एंड पीस' और 'ऐना करिनिना' से लेकर 'और डान बहता रहा तक' उसी ज़माने में पढ़े थे।

बचपन में अम्माँ की इजाज़त और हुक्म से डिप्टी नज़ीर अहमद, राशिद उल ख़ैरी और आबे-हयात पढ़े थे। "इस्मत" पत्रिका भी हर माह अम्मी के हुक्म पर सतर-ब-सतर पढ़ा जाता था। स्कूल और कॉलेज की ज़्यादातर लड़कियों की हीरोइन, मधुबाला, नर्गिस निम्मी, सबीहा और मसर्रत नज़ीर थीं। जब कि हम चन्द पढ़ने वालियाँ वाजिदा तबस्सुम और जीलानी बानो की ताज़ा और पहली किताब को बहुत अहमियत देते थे। मेरे भी सनमख़ाने पे बहस करते, कंकरी के हिस्से ज़बानी याद करते और कॉलेज के क़रीब ही रहने वाली हाजरा मसरूर को अपनी हीरोइन की तरह मिलने जाते। मंटो साहेब के घर बुर्क़ा ओढ़े जब ऑटोग्राफ़ लेने गये तो उन्होंने मुझे याद है ज़ोर से कहा था "सफ़िया इधर आ बच्चियाँ आयी हैं।" हिजाब इम्तियाज़ अली के घर के बरामदे में, मैं नक़ाब उल्टाए मबहूत सयामी बल्लियों, नीले पर्दों और ग़लीचों

को देख रही थी। फ़ैज़ साहेब से दोहरा रिश्ता, बल्कि तीन-तरफ़ा रिश्ता हो गया था। छिस्मी कॉलेज में मुझ से एक साल पीछे थी। हमारे उसी ज़माने में दोस्ती हुई। मिसेज़ फ़ैज़ से इससे पहले का रिश्ता कि पाकिस्तान टाइम्स की आपा जान थीं और फ़ैज़ साहेब से 1959 से उनकी मौत तक वह स्नेहपूर्ण रिश्ता था कि मेहरबानी की रमक़ ही किसी दिन भी धुंदलाने का अन्देशा न हुआ। उस ज़माने में रेडियो से "मेरा बेहतरीन अफ़साना" के नाम से मेरे सारे पसन्दीदा अफ़सानानिगारों ने अपने अफ़साने सुनाने शुरू किये। जिस दिन काला गुलाब अफ़्साना था उस दिन तो मैं ख़ुद, अफ़साना शुरु होने से पहले, यूँ गुलाबी हो रही थी जैसे अफ़साना निगार मुझे छूने आ रहा है।

काला गुलाब हाथ में लिए, आन खड़ा हुआ है। अनाउंसर ने ऐलान किया। मेरे दिल की धड़कन और तेज़ हो गयी। अफ़साना शुरू हुआ। दो लम्हे बाद...मैंने रेडियो बन्द कर दिया और रोने लगी। अफ़सानानिगार की आवाज़ इतनी भद्दी और तलफ़्फ़ुज़ इतना ख़राब था कि मेरे अन्दर का ख़याली अफ़सानानिगार धड़ाम से नीचे आन गिरा। बुत टूटने की मंज़िलें भी अब शुरू हो गयी थीं।

पहला जल्वा

अब फिर घर बदल गया। गढ़ी शाहू से सन्तनगर आ गये थे। यह शहर से बाहर का इलाक़ा लगता था। घर चूँकि मेन रोड पर था। इसलिए मुहल्ले वाले मंज़र नहीं थे। हाँ, एक और मंज़र था। एक बिल्डिंग में कई घर...छोटे बड़े...यूपी...पंजाबी...पठान...देहाती...शहरी माहौल मिला-जुला...स्कूलों की उस्तानियाँ, कॉलेजों में पढ़नेवाले लड़के, दफ़्तरी बाबू और कॉलेज जाने वाली लड़कियाँ। अजब मिला-जुला मंज़र यहीं से मिली-जुली तहज़ीब अन्दर बैठती चली गयी। घर छोटा था। हम सात बहन-भाई थे। सर्दियों में लिहाफ़ ले कर एक कोने में या बाहर छत पर और गर्मियों में कमरे में छिपकर किताबें पढ़ने के सिवा कोई काम न था।

कॉलेज में मुशाअरों का सीज़न शुरू हुआ तो एक शाइरा के साथ टीम बनाने के लिए किसी शाइरा की ज़रूरत पेश आई। पहले तो होता था कि किसी शाइर से सात-सात अश्आर की ग़ज़लें लिखवा कर दो ख़ूबसूरत आवाज़ वाली लड़कियाँ तरन्नुम से पढ़ आईं। ट्रॉफ़ी आ गयी या इनाम आ गया, कॉलेज का नाम हो गया। क़िस्सा ख़त्म, अब मुश्किल यह थी कि फ़ोर्थ ईयर में शाइरा मौजूद थी। फ़र्स्ट ईयर में मैं थी। हुक्म मिला ग़ज़ल कहो मिस्त्रा-ए तरह था।

"सब के ही गिरेबाँ सी डाले, अपना ही गिरेबाँ सी न सके।" बोझ लिए घर वापस। सब काम ख़त्म करने और पढ़ाई करने के बाद लिहाफ़ लिए सहन में बैठी सोच रही थी कि ख़ुदाया! ये शेर कैसे पूरे होंगे, कि लगा जैसे ग़ज़ल शुरू करूँ तो पूरी हो जायेगी। लिखना शुरू किया और सुबह हो गयी। ग्यारह अशआर हो गये थे। सुबह को उस्ताद के सामने ग़ज़ल पेश कर दी और यूँ कॉलेज ट्रॉफ़ी लाकर, शाइरा होने का ऐलान नोटिस बोर्ड पे चस्पां हो गया।

मुशाइरे पढ़ने शुरू किये तो यूँ अदीबों से मुलाक़ात होती गयी। वे जिनके नाम से रेडियो के ज़रीये शनासा थे, या अख़बारों में पढ़ते थे या फिर किताबें ख़रीदकर उन के ऑटोग्राफ़ लेते थे। अब इनाम देते और पूछते "कब से लिख रही हो?" कहाँ रहती हो, कौन से ईयर में पढ़ रही हो?

अब जिन-जिन का ज़िक्र आयेगा वे मेरी याद के हवाले से आयेंगे, अपने नाम के हवाले से नहीं। मेरे अन्दर उनकी तस्वीर, उनकी मूरत और उन का तसव्वुर, एक अलग ही पैकर है। अगर ये पैकर न बनते तो इतनी उम्र गुज़र के, सबकुछ गडमड हो गया होता। इतनी मुश्किलों की धूप के बाद सब कुछ झुलस गया होता।

"कहाँ रहती हो?" एक मुशाअरे के जज ने इनाम देते हुए पूछा।

"आप के घर के पास।"

"शाम को आ जाया करो ना, मिला करो..."

रात गये तक...घर आ के भी मेरे कानों में यह फ़िक़रा गूँजता रहा। शाम को आ जाया करो ना...मगर कैसे...घर से बाहर कैसे निकलूँगी...जाने को जी चाहता है। मिलने का शौक़ है। उन्होंने ख़ुद बुलाया है।...

"अम्माँ...वो बुज़ुर्ग हैं। रिटायर्ड प्रोफ़ेसर हैं। शाइर हैं। उस्ताद हैं अम्माँ... उन्होंने मुझे कहा था कि शाम को आना...अम्माँ...मैं फ़ारसी पढ़ लूँगी उन से...अम्माँ भाई को साथ भेज दो। मैं हो आऊँ...

"मैं नहीं जाऊँगा तुम्हारे साथ, भला क्या काम तुम्हारा ग़ैर मर्दों से?"

"बेटा! बात सुनो"...दूसरे कमरे से अब्बा की आवाज़ आयी।

मैंने सोचा अब्बा भी मिलना चाहते होंगे। साथ लेकर चलेंगे। फ़ौरन अब्बा के कमरे में गयी। अब्बा लेटे-लेटे कुछ लिख रहे थे। अपने पलंग पर बिठाया। लिखते रहे। मैं खेलती रही।

लिखना ख़त्म कर के चश्मा उतारा। बैठकर कहने लगे "बेटा! ये मुशाअरे-वुशाअरे पढ़ने का शौक़ पूरा हो चुका है। कॉलेज में ख़ूब नाम कमा लिया है। ख़ूब कप भी इकट्ठे कर लिए हैं। अब मेरी मानो...जिस किसी से तुमने ये ग़ज़लें ली थीं, उसको वापस कर दो। तुम्हारे घर में कोई इतना हद से आगे नहीं बढ़ा। जितनी तुम...देखा है अपनी बड़ी बहनों को।...तुम्हारी अम्माँ के हाथ बात गयी तो और भी बुरा होगा। इसलिए मेरा कहा मानो और अब यह ड्रामा बन्द कर दो।"

ज़िन्दगी के सारे साल हर लम्हा यही फ़िक़रा सुनते गुज़रते "तुम्हारे घर में कोई इतना हद से आगे नहीं बढ़ा...ड्रामा बन्द कर दो।"

यहाँ से छिप छिपाकर अदीबों से मिलने का ज़माना शुरू हुआ। शाम को कॉलेज से वापसी पे या डिबेट से वापसी से उनके यहाँ रुक जाती। कभी शेर सुनती, कभी शेर दिखाती लेकिन वहाँ बैठे लोगों की बातें सुनती। पुराने क़िस्से, पुराने उस्तादों के अश्आर, उन की तशरीहें, लफ़्ज़ों की निशस्तन जाने क्या-क्या ज़ेरे-बहस आता...एक तरफ़ कुछ बातें समझ में न आतीं, दूसरी तरफ़ ख़ौफ़ बुर्क़ा खींचता था कि घर पे सबकी आँखें तेरी तरफ़ ख़ूँख़ारों की तरह उठेंगी।

बुर्क़ा...हाँ बुर्क़ा तो सात साल की उम्र से सर पर चढ़ा और यूनिवर्सिटी तक रहा। कॉलेज-यूनिवर्सिटी के ज़माने में लेडिज़ रूम में बुर्क़ा रखकर, मुबाहिसे और मुशाअरे में हिस्सा लेती फिर वापस बुर्का ओढ़कर घर पहुँच जाती। एक दफ़ा किसी अख़बार में बहुत बड़ी-सी तस्वीर इनाम लेते हुए शाए हो गयी। लेने के देने पड़ गये। सारी पॉकिट मनी ख़र्च हो गयी। सारे छोटे बहन भाई, मुहल्ले के बच्चे रिश्तेदार अख़बार उठाये घर आ रहे थे। हाथ जोड़कर सब से बिनती की। घर पर अम्माँ-अब्बा को न पता चले। जला दो...छिपा दो ये अख़बार। मुझे बचा लो। उस ज़माने में चन्द अख़बार ही निकलते थे। मुबाहिसों के ज़माने की तस्वीरें और रिपोर्टें बड़ी-बड़ी शाए की जाती थीं। मुझे भी उस ज़माने में एक अख़बार की तरफ़ से ऑफ़र मिली कि कॉलेजों की रिपोर्टें बनाकर दिया करो, हम तुमको साइकल भी ले देंगे और 75 रुपये महीना देंगे। मेरी तो बाँछें खिल गयीं। मगर तौबा घर पे क्या क़यामत आ गयी। अभी तो मेरे सर पे बुर्क़ा था, मैं भला कैसे साइकल वाली बन सकती थी और फिर मेरी एक दोस्त जो साइकल चलाती थी। वह कॉलेज के ज़माने में अपने शौहर से तलाक़ ले चुकी थी। बुरी लड़की थी, भला सय्यद घराने की लड़की इस तरह क्यों करेगी?

अख़बार में नौकरी की इजाज़त तो न मिली अलबत्ता रेडियो पे यूनिवर्सिटी प्रोग्राम में हिस्सा लेने की इजाज़त मिल गयी। नज़्म के नये लहजे और नये काव्य मर्मज्ञों से मेरी मुलाक़ात और दोस्ती यहीं से शुरू हुई। अब पढ़ने के लिए भी नये नाम और नयी किताबें सामने आने लगीं।

रेडियो का उस ज़माने का माहौल बहुत शाइस्ता और इल्मो-अदब का महवर होता था। तमाम प्रोड्यूसर्स शाइर अदीब थे, मौसीक़ी की बुनियादी चीज़ों को समझते थे। आज की सारी बड़ी गानेवालियों और गानेवालों, मौसीक़ार, उस्ताद सभी से उसी ज़माने में याद अल्लाह हुई। ये कमाल दोस्ती तो उनका है कि आज तक हम सब एक-दूसरे से ख़ानदान की तरह जुड़े हुए हैं। उस ज़माने में तमाम प्रोग्राम सीधे ब्रॉडकास्ट होते थे। हमने अक्सर गाने वालों की ताज़ा तैयार की हुई ग़ज़लें अपने सामने स्टूडियो में सुनीं। मज़ेदारी की बात यह है कि उन फ़नकारों के हाथों मशहूर होने के लिए रेडियो के वे चंचल प्रोडयूसर शाइर नहीं थे, माँगे के कलाम के जरिये अपने नाम की शम्अ रोशन कर लेते थे और आज भी करते हैं।

दोस्तियों की तह को देखा जाये तो कॉलेज के ज़माने की लड़कियों की दोस्ती, महज़ दोस्ती होती थी साथ पढ़ने की, साथ नोट्स तैयार करने की। अदब उनका मसला न था। यूनिवर्सिटी के ज़माने के भी सिर्फ़ वही लोग दोस्त हुए जो मुबाहिसों में साथ हिस्सा लेते थे या फिर मुशाअरे साथ पढ़ा करते थे। वे भी दोस्त हुए जो रेस्टोरेंट के एक कोने में बैठे इश्क़ कर रहे होते थे और दूसरे कोने में हम अक्सर इन्तज़ार के लम्हे दोनों पार्टियों में पहले आने वाले से साझा कर लिया करते थे। एक-दूसरे के पैग़ाम भी वसूल कर लिया करते थे। फिर दोस्ती का सिल्सिला तवील हुआ, तो हर शनासा भी दोस्ती का दावा करने लगा। हर कल का बच्चा जिससे एक दफ़ा मुहब्बत से मिल लो वह दोस्ती का चर्चा करता नज़र आता है और दोस्त तो इतने प्यारे हैं कि आपके ख़िलाफ़ कोई बोल रहा हो तो वे ख़ामोशी से सब कुछ सुनते हैं, सिर्फ़ मुस्कुरा देते हैं। अपने मुँह से कुछ नहीं कहते।

मुबाहिसों में हिस्सा लेने से डिबेटर होने का ऐलान तो पहले ही हो चुका था। मुबाहिसों में रटी-रटाई तहरीरें काम आती थीं। हम भी बड़ी अरबी मिश्रित ज़बान इस्तेमाल करते थे। एक तो ज़बान का चटख़ारा और दूसरी तरफ़ लड़के-लड़कियों के साथ मुबाहिसे में जाते ही मैं ऐलान कर देती कि लड़कियाँ हौसलाअफ़ज़ाई का इनाम लेने नहीं आई हैं, बल्कि आम मुक़ाबले में हिस्सा लेंगी। अगर इनाम आम मुक़ाबले में मिल सके तो ठीक, वर्ना रियायत नामंज़ूर, यह हथियार न था। शुरू ही से रियायत के लफ़्ज़ से नफ़रत

और कमी कमीन होने का भरम होता था। अगर किसी क़ाबिल नहीं तो फिर गिला क्या? हक़ कैसा?

यही ख़याल सारी उम्र ज़िन्दगी के साथ रहा गिला क्या, हक़ कैसा? मगर हक़ के बावजूद हक़ न मिले ये कहाँ-कहाँ और कब-कब नहीं देखा। मेरी दोस्त शादी हो कर इंग्लैंड गयी। शौहर जिसको बार एट लॉ ज़ाहिर किया गया था, वो बेकारी अलाउन्स पे रहता था। वह मेहनत कर के घर मक्खन और मुर्ग़ी ख़रीद कर लाती। उसके पीछे वह मक्खन बदन पर मल लेता था और मुर्ग़ी उबालकर खा लेता था। इंग्लैंड में नौजवानी के आलम में आने के बाद, अपनी मर्दानगी को परखने के लिए उसने तरह बहुत तरह की औरतें आज़मायी थीं। उन आज़माइशों में अपनी कुव्वते-ज़ीस्त और मर्दानगी भी खो कर, अब मक्खन बदन पर मलकर और मुर्ग़ियाँ खाकर मर्दानगी वापस लाना चाहता था क्यों कि सारे डॉक्टर तक जवाब दे चुके थे। वह नेक बीबी ओवर टाइम लगाकर आती और यह घर पहुँचने पे उसे मारता कि बता किसके पास हो कर आती है? वह उस निखट्टू और नामर्द से तलाक़ के लिए कहती तो वह उस के बदन पर अत्याचार के नील डाल देता। वह वापस वतन आने का कहती, तो वह उसका पासपोर्ट गुम कर देता।

यह भी तो मैंने ही देखा कि हमसे बहुत बड़ी मगर ख़ूबसूरत लड़कियाँ एक रात के बाद, फिर वापस ससुराल या शौहर के घर नहीं गई। बड़े हुए तो पता चला वे सारे मर्द को जो आज़ाद तबीयत में ज़िन्दगी के मज़े लूटने के बाद जब थक हारकर और निकम्मे होकर, घर बसाना चाहते हैं तो फिर घर बैठी, ख़्वाबों के शहज़ादों की मुन्तज़िर ये दासियाँ, उनके हुज़ूर पेश कर दी जाती हैं। जो बहुत बड़बोली हों, वे वापस घर आ बैठती हैं और बाक़ी सिर छिपाकर वहीं गुज़र करतीं और मुँह को ताले लगाये ज़िन्दगी गुज़ारती हैं।

मना तो हर कज़िन से मिलने से भी किया जाता था, मगर कॉलेज में लड़कियाँ अजीबो-ग़रीब ताल्लुक़ और रिश्तों की दास्तान सुनाती थीं। ख़त पढ़ पढ़कर सुनाती थीं। हमें बड़ी तकलीफ़ होती मगर ये तकलीफ़ और अहसासे-महरूमी ज़्यादा अर्से तक कायम न रहा क्योंकि शेर लिखना शुरू कर दिया था और अब एडिटर के ख़त आने शुरू हो गये थे। उनके सीधे-सादे ख़त भी कोई नज़्म/ग़ज़ल किसी तस्वीर से नवाज़िये तो यह भी हमें बड़ा रूमानी मालूम

देता। जहाँ कहीं यह ख़त थोड़ी-सी बेतकल्लुफ़ी के दायरे में आये कि "इतना अछूता लिखने वाली ख़ुद कितनी अच्छी होगी।" तो ये फ़िक़रे तो भिगो-भिगो देते, मुंडेर पर खड़े रहने और ऐसे ही किसी उल्लू के पट्ठे की भी नज़र ख़ुद पे पड़ती तो ये भी बड़ी सनसनीख़ेज़ बात मालूम देती। उस वक़्त समझ में नहीं आता था कि लोग धोती को ऐसे लम्हों में ऊपर उठा कर जांगिये की तरह क्यूँ कर लेते हैं। पान खाते हों तो पीक की आवाज़ निकालकर क्यों थूकते हैं, सिगरेट पीते हों तो लम्बा सुट्टा क्यूँ लगाते हैं और बात-बात पर क़मीज़ के बटन खोलकर सीने पे हाथ क्यूँ मारते हैं।

धूनी मार के बैठने का सिलसिला कॉलेज में इंटर कॉलेजियेट मुबाहिसों के दर्मियान बड़ा ख़ुशगवार असर रखता था। हम जो पुराने मुक़र्रर हो चुके थे वह सब एक-दूसरे की ज़िद में सबसे आख़िर में तक़रीर करने की कोशिश करते, सारे गुज़रे हुए मुक़र्ररिन के निकात से अपने तक़रीर का मवाद तैयार करने को अहमियत देते थे। जब नये-नये इस मैदान में आये थे तो कोशिश कर के अपना नाम पहले रखवाया करते थे कि सारे नये निकात हमीं बयान कर जायें और मुसन्निफ़ैन के थकने से पहले, तक़रीर कर जायें। ये लड़के-लड़कियों के साथ मुबाहिसे और मुशाइरे ही थे कि जिन्होंने रही-सही शर्म और मर्द का ख़ौफ़ ख़त्म कर दिया था। हम सब कॉलेज से टीम की शक्ल में जाते। बातचीत करते, हँसते, फिक़रे कसते और लतीफ़े सुनाते, कॉलेज में भी सालाना सभायें, अदबी हफ़्तावार जल्से और रिसाले का काम, हम ऐसे करते कि न कभी उस्ताद पूछने आगे आते कि तुम लोग क्या कर रहे हो और न हम जाकर रिपोर्ट देते कि यह ग़ज़ल शाए करें कि न करें।

मगर ये सारी शेख़ी कॉलेज और यूनिवर्सिटी की चारदीवारी तक थी कि घर पर आते ही मुबाहिसे में या मुशाइरे में जीते हुए कप, आटे के कनस्तर या कूड़े के डिब्बे में छिपाकर अपनी इज़्ज़त बचानी होती थी, वर्ना कप देखते ही वावेला होता था कि "आ गयी ख़ानदान भर का नाम उछाल कर। मुझे पता होता तू ऐसी होगी तो पैदा होते ही तेरा गला घोंट देती।"

अब पूछूँ ऐ माँ! कभी अपनी बेटियों का गला घुटते देखा है? उस वक़्त जब उनकी औलाद को ही आस्तीन का साँप बनाया जाये और मुक़ाबले पे खड़ी कर के बाप अपने हिस्से के बाक़ी ज़ुल्मों का हिसाब लेकर, इत्मीनान

का साँस लें। जब औरत को इल्ज़ाम की सूली पे लटका कर ही मर्दानगी को मुकम्मल होता महसूस करें। जब तेरी बेटियाँ अपना हक़ माँगें तो मार, थप्पड़, घूँसे और तेल के कनस्तर मय माचिस की तीलियों के उन का मुक़द्दर ठहरायें। जब वे अपनी मर्ज़ी के ख़िलाफ़ बिस्तरों की ज़ीनत बनें और सच्चे नसीब कहलायें। जब उनके बदन पे सिगरेट बुझाये जायें और सिगरेट से जलते बदन की कराहों की क़ीमत लगाई जाये। जब वे मर्द की नामर्दी को हया और समाज की तहज़ीब समझकर मुस्कुराते चेहरे से क़ुबूल करें, मगर कोई उनकी ज़रूरत को हैसियत देने को तैयार न हो। जब भाई भी बहनों को अपनी हवस का निशाना बनायें और अगर बहन उस वाकये का ऐलान करे तो वही सज़ा की मुस्तहक़ ठहरे, भाई फिर आज़ाद, बेलगाम और बेक़सूर ठहराया जाये। जब ख़ुद बापों को बेटी की मुहब्बत में भी जिंसियत की बू आने लगे और उनके अन्दर बापों की शहवत पलने लगे तो डॉक्टरों के सामने भी उनकी ज़बान यह बताने को न खुल पाये कि यह जुर्म किसका है? जब बेहयाई का हर दाग़ सिर्फ़ औरत के माथे पे कलंक बने और हर क़िस्म का बलात्कार, मर्दानगी ठहरे कि मर्द तो घोड़े की तरह होता है नहाया-धोया उजला साफ़-सुथरा, घर-घर घूम आये मगर जिसका हाथी उसी का नाम, कहकर, दिलासे, औरत का मुक़द्दर ठहरें।

यह भी औरत का मुक़द्दर ठहरे कि मज़हब, तहज़ीब और इन्सानियत को मर्द के हक़ में और औरत के ख़िलाफ़ इस्तेमाल किया जाये। कभी उस का शोषण, ख़ूबसूरती के नाम पर, कभी ज़हानत के नाम पर, कभी वसाइल के नाम पर और कभी ग़ुर्बत के नाम पर, ख़ुदा की भी शिनाख़्त की जाये तो मर्द ज़ात के से अन्दाज़ में। सलीब ये ईसा चढ़े। दमे-ईसा कहलाये। मगर उस मरियम को सिर्फ़ तस्वीरों में सजाया जाये कि जिसने उसे जन्म दिया था। मदीना रसूल्लाह सलै अल्लाह अलै-ओ-आला वसल्लम आये तो हज़रत उमर रज़ी उल्लाह अना ने वहाँ की औरतों के शऊर के बारे में शिकायत करते हुए कहा था कि ये औरतें तो मेरी बीवी को जवाब देना सिखा रही हैं। इन मिसालों और इन औरतों का ज़िक्र, कोई नहीं करता। गेहूँ का दाना खिलाने की शरारत आमेज़ ग़लत कहानी को अधिक बल देने के लिए कभी जी में आया तो औरत को महज़ फ़रेब गर्दाना। कभी उसकी पैरों के नीचे जन्नत तो कभी उसकी

अक़्ल घुटनों में। कभी उस की मर्ज़ी के बग़ैर निकाह का नाजायज़ होना और अक्सर दूसरों के हाथों सर नीचा करवाकर, मुबारक सलामत का शोर मचा कर, औरत को बिन देखे भेड़िये के पल्लू बाँध देना जायज़, जितने लतीफ़े, जितने मज़ाक़, जितनी मज़ाकिया बातें, सब औरत से जोड़ कर, अपनी मर्दानगी को हर्फ़े-आख़िर समझना।

हर्फ़े-आख़िर समझने की मंज़िल तो क़दम क़दम पे औरत का इस्तकबाल करती और कचोके देती है। मुझे कॉलेज के ज़माने में इंटर कॉलेजियेट मुशाइरों में अव्वल इनाम देने के बावजूद, बुज़ुर्ग मेहमान शाइर यह ज़रूर कहते "जरा मिला करो। बातें हो जाती हैं। शेर दिखा लिया करो।" जब मैं पूछती "क्या शेर ग़लत होते हैं?" तो घबरा और गड़बड़ाकर जवाब मिलता "नहीं ग़लत तो नहीं होते। अलबत्ता दिखाने में और उस्तादों की राय लेने में कोई हर्ज नहीं होता है।" फिर हर उस्ताद का यह मुक़ाबला करना कि मेरी शागिर्दी की छाँव में दम लेती है कि नहीं वर्ना उसका दम मार दिया जाये। यह शागिर्दी में न आने की जुर्रत कैसे कर रही है कि हमने सारी उम्र गुज़ार के अपने अपने डेरे पे मुरीदों को इकट्ठा किया है। यह भी होना कि हर बुज़ुर्ग ने अपने तई बड़ी विनम्रता बरतनी। जब यह पूछा जाता कि शेर आपने लिख कर दिये हैं, कमाल है। शेरों में आप की उस्तादी की ख़ुशबू आ रही थी। उस्तादे –मुकर्रम, कमाल शफ़क़त से हँस कर कहते "भई अब करना ही पड़ता है।" बिल्कुल उसी तरह कि कोई ख़ातून किसी मर्द को कितना ही ज़लील कर के अपने घर या कमरे से न निकाले वो अपनी ख़ुफ़्त छिपाने को यही कहेगा "अरे यार उठने ही नहीं देती थी। बड़ी मुश्किल से उठकर आया हूँ।"

शागिर्द मंडल में लेने की तमन्ना, पैरहन बदल-बदल कर सामने आती रही। दोस्ती, अफ़सरी, शाइरी, शौहरी हत्ता कि बेटों के बड़े होने और माँ के क़द से ऊँचा होते ही। बस हल्का-ब-गोश बन जाओ। बस फिर अस्मत भी है, हया भी है, तमीज़ भी है और शराफ़त भी है और अगर यह मंज़ूर नहीं तो दुनिया का हर ऐब मगरमच्छ के मुँह की तरह खुला तुम्हें हड़प करने को मौजूद है। सहाफ़ी हो तो साथ बैठकर चाय पी लो, नहीं तो प्यार से बात कर लो। अगर वो ज़ाती शराफ़त में स्कैंडल बना डाले तो उसे पी जाओ। फिर तो नेक बीबी हो वर्ना फिर फ़िफ़्थ कॉलमिस्ट हो, ग़ैर-मुहिब्बे-वतन हो और जो चाहे बन जाओ।

यूँ तो पश्चिमी औरत भी फ़र्द बनने को निकलती है मगर होता क्या है कि मर्द अफ़सर औरत सेक्रेट्री, मर्द मुंतज़िम औरत टेलीफ़ोन ऑपरेटर, मर्द डॉक्टर औरत नर्स, मर्द पाइलट औरत एयर हॉस्टेस, मर्द बादशाह औरत हरम में दाख़िल होती हुई, मज़हब के रास्ते पर चल पड़ती है। लिखने वालियों का तज़्किरा उनके ओहदे वाली (यानी उन के शौहरों के मंसब के मुताबिक़) होता है। अगर शौहर आला अफ़सर है तो लिखने वाली सबकी भाभी, बहुत ही अच्छी, नेक और सलीक़े वाली है। अगर शौहर उतना बड़ा अफ़सर नहीं तो उसकी तहरीर से लेकर उसका किरदार तक मश्कूक मालूम देता है। फिर नम्बर मिलते हैं ख़ूबसूरती के लिहाज़ से। जवाब और दलील यह कि देखकर जी तो ख़ुश हो जाता है।

महफ़िलों या तन्हाई में जिस ख़ातून की तारीफ़ में ज़मीन आस्मान के क़लाबे मिलाये जा रहे होते हैं। बिल्मुक़ाबिल उसी की झूठ और ग़र्रे से भरी गुफ़्तगू। सबबे-तज़ाद पूछो तो फ़ौरन तसल्ली, "लोग बातें बनाने लगेंगे। फिर हम मिलेंगे कैसे! मैं तो तुम्हारे बग़ैर रह नहीं सकता इसलिए दिल पे पत्थर रख कर ये सब कुछ कह रहा था। प्लीज़ माफ़ करो! मेरी जान मुझे माफ़ कर दो।"

पशेमानी की मंज़िलें भी बहुत कम लोगों को मयस्सर आती हैं, वर्ना कुर्सी के साथ हुस्ने नज़ाकत इश्क़ ऐसा आता है कि हर चुग्द अफ़्सर, शेर, इश्क़, हुस्न, अक़्ल और ख़ुश तबीयत का आला पैकर क़रार पाता है और नाज़-नखरे वाली, दोस्त समझकर, अपना हुस्न सस्ता करने पहुँच जाती है। ऐसे-ऐसे कूढ़ अफ़सरों और वज़ीरों के गिर्द, ऐसी-ऐसी महवशों को फ़र्श-राह देखा है कि देखने, जानने और पहचानने के बावजूद आँखों का ऐतबार दिल नहीं करता है। बस चन्द हज़ार रुपये की चाँदी, रात की ख़ैरात चाहती है। खाने पे मुलाक़ात हुई आप ने कहा मैं वापसी पे ड्रॉप किये देता हूँ। अफ़सोस का मुक़ाम, रोना-पीटना, आहें भी भरी शिकवे भी किये कुर्सी वालों के लिए ख़िराजे हुस्न के सामान करने वाले, महफ़िलें बरपा करने वाले और ही लोग होते हैं। वे तो बस बेताज बादशाहों की तरह ऊँची गर्दन किये आगे बढ़ते हैं और हर दरवाज़ा खुलता चला जाता है।

अदना तो वे हैं जो कोठा चलाती हैं। जिन की दिखाई 10 रुपये से लेकर 100 रुपये तक होती है, फिर कनीज़ चुन कर दाद ऐश के लिए ले जाई जाती

है। सुबह होती है तो झलंगी चारपाइयों पे करवटें बदलते टूटते बदन। बम्बई में ख़ासकर यह इलाक़ा देखने गयी। एक चारपाई जितनी जगह बराबर कमरा, उस के गिर्द चारों तरफ़ से मैले-कुचैले पर्दे और पलंग के बीच वह निहाल करने वाली जो या तो जिंसी बीमारी का शिकार होकर मरती है या ख़ून थूकती मर जाती है। यूरोप के सारे शहरों में मेन बाज़ारों का नक्शा बिल्कुल अलग है। वहाँ शीशे के शो केस में बारीक-सी अंगिया पहनी ख़ातून, बुलावा लिए खड़ी होती है। होता उसके पास भी इसी तरह का छोटा सा कमरा है, मगर चमक-दमक और फिर शोकेस यहाँ भी सामराजियत रंग दिखाती है उनमें से बेशतर काले बदन वालियाँ हैं। उनको देखने वाले भी अक्सर गंदुमी रंगतों वाले हैं। फ़िलिपीन और थाईलैंड में तो क़ौमी आमदनी का बड़ा वसीला वही लड़कियाँ हैं जो ज़्यादा से ज़्यादा शराब और रात के ठेके करवा सकती हैं। अभी रात उतरती नहीं कि ये शराबख़ाने खुल जाते हैं, लड़कियों के हुजूम दरवाज़े के पास से गुज़रने वाले को लुभाते हैं और कमीशन पाते हैं। उनको कोई तनख़्वाह नहीं मिलती है। यही कमीशन उनका रोज़गार अलाउंस होता है। जैसे मेरे मुल्क के चायख़ानों और होटलों के सारे छोटे सिर्फ़ आपके टिप पर, सुबह से रात गये तक भाग-भागकर चाय, नान छोले, मछली, कोकाकोला और पान फ़राहम करते रहते हैं।

मगर ये सब अमेरिका और लन्दन की खम्बे से लटकी उन मजबूरों से फिर भी बेहतर हैं जो सड़क पे खड़े-खड़े हर घंटे के पैसे अलग-अलग बताती और ख़र्च हो जाती हैं।

बम्बई हो या कोई और शहर यहीं कहीं वह भी क़बीला है जो सिर्फ़ रात को महलों में सप्लाई के लिए आता है और सुबह घरों में पाया जाता है। ज़रूरतों के ये चिराग़ जो लोग रोशन करते हैं वे दुनिया भर के सामने बड़े शरीफ़ लोग होते हैं। गोगोल ऐसे लोगों को इन्सान नहीं मक्खियाँ कहता है।

पहली लग़्ज़िश

पाकिस्तान आने के ज़माने से हर आठवें दिन मैं देखती थी कि फ़र्श धुल रहे हैं। कढ़ी हुई चादरें और तकिये ग़िलाफ़ बिछाये जा रहे हैं। कबाब और हलवे बन रहे हैं और तरह-तरह की औरतें आ रही हैं। पता चलता आज उस बहन का रिश्ता आया था, कल उस बहन का। या अल्लाह ये रोज़ रोज़ क्यूँ लोग आते जाते रहते हैं। यह रिश्ता हो क्यूँ नहीं जाता आख़िर पता चला कि शरीफ़ ज़ादे और सय्यदज़ादे चाहिए। सय्यदों के ख़ानदान की लड़की को किसी और ज़ात में नहीं दिया जा सकता था। फिर मुझे वे सब बड़ी उम्र की ख़ालायें और फूफियाँ याद आयीं जो घर बैठे-बैठे बूढ़ी हो गयी थीं। जो अपने बदन और चादरों पे दिन-रात अपने हाथों से ही कुछ काढ़ती रहती थीं।

बड़ी बहनों के साथ यह सुलूक देख कर मैंने ख़ुद से अहद किया "जैसे शरीफ़जादे और सय्यदज़ादे, बिल्कुल बेवकूफ़ जैसे, मेरे घर वाले तलाश कर के लाते हैं। मैं तो ऐसे शरीफजादे से शादी नहीं करूँगी...फिर क्या करूँगी। यह ख़याल डराने लगा----

"ठक-ठक...कौन है। जा के देखो तो...अम्माँ ने कहा। कुछ देर बाद भाई आया ग़ुस्से से बोला "एक पर्चे के एडिटर हैं। तुमसे मिलने आये हैं।" पर मैंने तो किसी को नहीं बुलाया। मैंने तो घर का पता नहीं दिया। मैं तो किसी से नहीं मिली। मैंने सारे घर के सामने अपनी सफ़ाई पेश कर दी।"

हर निगाह मेरी तरफ़ थी। हर तरफ़ नफ़रत थी। मेरे लिए। भाई फिर चीख़ा–"कल तुम ने किसी मुशाइरे में नज़्म सुनाई थी। वह नज़्म माँगने आये हैं। तुमने उन्हें कहा था कि हम सन्त नगर में रहते हैं, तुमने उनके हाथ से फ़र्स्ट प्राइज़ नहीं लिया था।" अगले दिन वे एडिटर कॉलेज पहुँच गये। प्रिंसिपल

ने बुलाया। बड़ा फ़ख्रिया मिलाया और कहा अपनी इनामयाफ़्ता नज़्म इन्हें दे दो...फिर यह हुआ कि मैं छिपती छिपाती बुर्क़े में उस मासिक पत्रिका के दफ़्तर की सीढ़ियाँ चढ़ गयी।

मंज़रों में और मंज़र शामिल हो गये। वहाँ एक और बुर्क़पोश औरत को बैठा देख कर उलटे पैरों वापस। जाने उस ज़माने में ज़्यादातर अदीबों और फ़नकारों के घर या दफ़्तर सीढ़ियाँ चढ़ कर ही क्यूँ आते थे। अहसान दानिश, बुख़ारी साहब, फ़ैज़ साहब, सूफ़ी साहब, हफ़ीज़ साहब, जोश साहब, चुग़ताई साहब और बाद उम्र में भी बहुत से फ़नकार सीढ़ियों से गुज़र कर ही मिल सकते थे।

लुक छिप जाना, मकई का दाना। मैं एम.ए. में दाख़िल हो गयी। पूरी यूनिवर्सिटी और गवर्नमेंट कॉलेज में हम सिर्फ़ दो शाइरात थीं। हम दोनों बड़ी शेख़ी में आये रहते। हर रोज़ यूनिवर्सिटी के पते पे डाक आने लगी। मेरे नाम ख़त आने का यह पहला मौक़ा था। मैं डरी, साथी लड़कियों को ख़त दिखाये, फिर लड़कों ने भी देखे और यूँ ग्यारह बजे दोपहर डिपार्टमेंट के सामने लॉन में हम सब मिलकर वे ख़त पढ़ते जो यूनिवर्सिटी के मुख़्तलिफ़ डिपार्टमेंट के लड़के लिखा करते और फिर हमारे डिपार्टमेंट के लड़के उन लड़कों को जाकर ख़ूब छेड़ते। उन सारे लड़कों में एक लड़का बहुत ख़ूबसूरत था। था भी अनोखा...कॉलेज के लिए घर से निकलती वह दस क़दम आगे खड़ा साइकल लिए...इन्तज़ार कर रहा होता। मैं लाइब्रेरी जाती फिर बाहर निकलती वह खड़ा होता। मैं मुशाइरे में जाती बिल्कुल सामने आ खड़ा होता। मुस्कुराता ...सैंकड़ों नाशनासा चेहरों में एक शनासा चेहरा। सारी घबराहट लिपट जाती मुझे लगता मैं पनाह में हूँ। ब्रिटिश कौंसिल लाइब्रेरी ज़रा ही दूर थी। पैदल जाती...साथ-साथ चलता। वापसी पे कहता...चाय पी लो...कॉफ़ी हाउस के ऊपर सीढ़ियाँ जाती थीं वहाँ बहुत से जोड़े बैठे होते। मैं और वह भी चले जाते, कभी नीचे बैठे इंक़लाबियों में से कुछ लोग उसे देखकर ऊपर आ जाते और हमारे साथ बातें करते। उदारवादियों, कम्यूनिस्टों, मज़दूर लीडरों, स्टूडेंट लीडरों और अदीबों से मुलाक़ात की एक और जगह मिल गयी थी। छिपते छिपाते.... लाइब्रेरी के बहाने, पढ़ाई के बहाने एक और पढ़ाई...लुक छिप जाना... मकई का दाना...प्रोग्राम बनाना मेरी दोस्त मैं और वह मरी चलते हैं। मरी

में भी कारे-जहाँ फिर वही...मुशाइरे, मुज़ाकिरे का इन्तज़ाम, हंगामे, अदीबों से मुलाक़ातें...इश्क़ अभी इन्हीं मंज़िलों में था कि भाई ने चुग़ली की, कॉफ़ी हाउस, ब्रिटिश कौंसिल और मरी का सारा राज़ ज़ाहिर, चट मंगनी पट ब्याह।

आधे सेर लड्डुओं पर ब्याहने वाली के साथ एक बोरी में किताबें दूसरी बोरी में इनामी कप थे। तन पे एक जोड़ा था ताँगे में बैठे एबट रोड के एक घर पे रुके। वही सन्त नगर वाला अन्दाज़ मगर ज़रा फ़िल्मी अन्दाज़ ज़्यादा। एक कमरा किसी का तो दूसरा कमरा किसी का।

सुहागरात भी अजब थी। दोनों चोर लग रहे थे। दोनों डरे हुए थे कि आधे घंटे में फ़ैसला करने के हुक्म पे होने वाली शादी के लिए दोनों तैयार न थे। न उसके घर वालों को ख़बर थी और न किसी दोस्त को। यह तो सय्यदज़ादे से शादी न करने के मेरे फ़ैसले की सज़ा, उसको भी मिल रही थी।

यह सच नहीं है। किसी भी मसले में सज़ा मर्द को नहीं मिलती। सज़ा तो औरत को ही मिलती है। उसे ख़बर थी कि सय्यदज़ादे से यह शादी नहीं करना चाहती। उस दबे-दबे माहौल में यह नहीं रहना चाहती, घर वालों से यह भागती है। रस्मों से यह भागती है। यह इंक़लाब की बातें करती है। नौकरी करना चाहती है।

उसने मेरे सारे अरमान पूरे किये। हम दो आज़ाद महज़ एक घर में रहने लगे। मैं ज़िम्मेदारियों के लिए आज़ाद...वह साइकल की जगह मोटर साइकल पर और फिर गाड़ी में...लुक छिप जाना...मकई का दाना...बहुत ख़ूबसूरत था...मोटर लिए। इन्तज़ार कर रहा होता किसी और का...साल के कैलंडर से पहले उसके इन्तज़ार की जगह और शख़्स बदल जाते थे।

पैदा होते ही जिस ने बघारी दाल भाइयों और बाप के लिए संभाली हो और बाक़ी देगची में से सबको देनी सीखी हो। जिसने बोटियों वाला शोरबा मर्दों को और ख़ाली आलू शोरबा बाक़ी घर में तक़्सीम होता देखा हो। उस के अन्दर पुरानी और नयी दोनों औरतें परवरिश पाती हैं। दोनों एक दूसरे को लहूलुहान करती रहती हैं। वह उस चीज़ की वकालत भी करती है कि औरत को बराबरी क्यूँ नहीं दी जाती और साथ ही घर के किसी मर्द को बर्तन धोते, बटन लगाते, इस्त्री करते, जूते पॉलिश करते नहीं देख सकती, बल्कि करने भी नहीं देती है। मरती मर जाये मगर घर के सारे काम करेगी। कभी घर बैठने वाली बीबी

की तरह मियाँ के घर पहुँचने के वक़्त सर पे रुमाल बाँध कर, हाय-हाय नहीं करेगी। घर में शादी हो तो मियाँ को धमकी नहीं देगी। इतना पैसा लाओ तो तुम्हारी बहन की शादी में जा सकती हूँ, वर्ना तुम अकेले जाओ। और मियाँ ग़ैरत के मारे इन्तज़ाम कर रहे हैं पैसे को डर रहे हैं बीवी से जब कि कारकुन बीवी को मालूम है कि घर में कितने पैसे आते हैं। अगर इन्तज़ाम करना होगा तो ख़ुद ही कर लेगी। इन बीवियों ने शौहरों की आत्मसन्तुष्टि के लिए यह ड्रामा रचाया होता है कि उन्हें तो ख़बर ही नहीं सड़क कहाँ जाती है। कहाँ से निकलती है। वह बैंक नहीं जा सकतीं, बाज़ार नहीं जा सकतीं, किसी से बात नहीं करनी आती। ख़ुद शौहर, औरत की मक्कारी और ज़ुल्म को बढ़ा-चढ़ा कर पेश करते हैं।

मर्द की आदत ही ऐसी है वह औरत पर ख़र्च कर के उसकी ज़िम्मेदारियों को महसूस करता, उसे गिरफ़्त में महसूस करता है। प्यार करता है कि नहीं, ये अस्लियत कभी खुली ही नहीं।

अस्लियत किस चीज़ की सामने आती है। नौकरी में अफ़सरों को कहा जाता है। वे दस दिन देहात में रहें कि देही लोगों के मसले मालूम कर सकें। कौन रहता है, रात रेस्ट हाउस में, सुबह वापस। दो दिन और एक रात क़याम के पैसे लिए और वापस, घर उस्तानी है तो तनख़्वाह आधी उसकी। आधी क्लर्क की और घर आराम पटवारी और नायब तहसीलदार से काम कौन लेगा कि सबने अपनी ज़मीनों को बचाने के लिए हदबन्दी उसके मश्वरे ही से करनी है। अफ़्सर पाँच हज़ार तनख़्वाह और ग्यारा हज़ार अलाउंस पे नौकरी कर के क़ौम का ख़ादिम कहलायेगा। फ़ौज की तारीफ़ की ज़रूरत हो तो वह करवा लो। फ़ौज कि जो सिर्फ़ इन्तज़ार में तनख़्वाह लेती है कि शायद जंग हो जाये।

इस्लाम की तारीफ़ चाहिए तो वह भी हाज़िर है कि बीवी को हज पे भेजना है। अगर बीवी को सैर कराना है तो उन तमाम इलाक़ों का दौरा होगा कि जहाँ-जहाँ बीवी को जाना है। ख़ानदान में कोई शादी है तो छुट्टी वाले दिन आप को दफ़्तर लगा कर बैठने का हुक्म मिलेगा और साहब शादी का खाना खा कर आप को फ़ोन करेंगे, "अब दफ़्तर बन्द करो। घर जाओ। मैं तो लोगों से तुम्हारी ख़ातिर मिल मिलकर परेशान हो गया हूँ। ज़रा होशियार हो कर नौकरी करो। शहर में तुम्हारी शोहरत बहाल करते हुए मुझे काफ़ी दिक़्क़त

हुई। ये औरतों ने भी अपनी आज़ादी का शोर बड़ी चालाकी से मचाया हुआ है। दरअस्ल ये आज़ाद होना चाहती हैं उन पाबन्दियों से कि ये जब चाहें, जहाँ चाहें आयें-जायें। इन्हें कोई न पूछे। आज़ादाना शराब पियें, सिगरेट पियें, सेक्स की आज़ादी, मेल-जोल की आज़ादी"...कोई चीख़ कर उन्हें "शटअप" कहे तो फ़ौरन पैंतरा बदलकर "बुरा मान गयीं। अरे क्या कर रही हो। आओ। मैं अकेला हूँ। आओ चाय पियो। ज़रा बैठेंगे....मिलकर।"

यह फ़िक़रा तो इशारों में, कनायों में, प्यार से, साफ़ और खुल्लम-खुल्ला तक़रीबन रोज़ ही सुनने को मिलता है, अन्दाज़ बदल जाता है। कभी यह कि आप पर तो उम्र ठहरती ही नहीं। आज भी कॉलेज स्टूडेंट लगती हैं। यह रंग आप पर बहुत जँचता है। "आज तो बहुत फ्रेश लग रही हैं।" आज इतनी सादगी में भी ग़ज़ब की लग रही हैं।" और ख़ातून ने शर्माकर मुस्कुराना ज़रूर है, चाहे उम्र की किसी मंज़िल पे हो।

यह शर्मा जाने की अदा मर्दों में भी कमाल की होती है। हमने अपने अफ़सरों से दफ़्तर के सारे रुके हुए काम, उनकी ख़ूबसूरती, टाई और उन की जवानी के रौब के क़िस्से उन से सुनकर मज़े से करवाये हैं। हम साथ-साथ लुकमा देते जाते। हाय अल्लाह! आप तो किसी ज़माने में एथलीट रहे लगते हैं। बस वह राल टपकाते अपनी जवानी की क़यामत ढाने वाली बातें सुनाते और हम अपनी फ़ाइलें स्टेनो से निकलवाकर उनके सामने रखते जाते। थोड़े से झूठ में मनों का फ़ायदा, बेचारे मुलाज़मीन के केस निकल जाते। सब दुआयें देते और अफ़्सर अलग ख़ुश रहते और अदब की फुरेरी लगे फ़िक़रे बोलते।

फ़िक़रे बोलने वाले भाँति-भाँति के बन्दे, पत्रिका की एडिटरशिप के दौरान ख़ूब नज़र आते हैं। देहातों से आने वाले अदीब तो हैसियत मुताबिक़ गन्नों का रस, धनिये का तेल, गुड़ का हलवा, घी का टीन या खद्दर के कपड़े लेकर आते हैं और मुदीर बेचारा उन का दिल रखने के लिए वे चीज़ें रख लेता है। ख़ातून मुदीर हो तो अचानक सबको मालूम होता है कि यह तो बेहद ज़हीन ख़ातून है। उसकी दिलदारी के लिए सारे अदीब आने-जाने का वक़्त भी निकाल लेते हैं। नौजवान अदीब अपनी रचनायें रवाना करते हैं और जवाबन गये ख़त को ताल्लुक़ात की गहराई की बुनियाद समझकर फ्रेम करवाकर रख

लेते हैं। ताज़ा आये हुए ख़त को सँभालकर अपनी मेज़ पे शीशे के नीचे सजाने वाले उस्ताद भी हैं कि सब देखें आख़िर हमें भी तो ख़त आते हैं।

जिस लम्हे सरकारी ज़िम्मेदारी ख़त्म हो तो बहुत-सी दोस्तियाँ भी ख़त्म हो जाती हैं। आपकी ज़हानत भी शक के दायरे में आ जाती है और आपके साथ मनाये जाने वाली शामें कुछ कम ही बपा होती हैं। लोग अब नये मुदीर के दर पर हाज़िर होते और कलाम पेश करते नज़र आते हैं। हमने तो एक शाइर अदीब से उसका कलाम शाए करने के बहाने दोस्तों को साथ मिलाकर कई दफ़ा फ़िंगर फ़िश खाये और वह खिला कर बदमज़ा न हुए कि आख़िर धूमधाम से कलाम शाए हो रहा था।

रिसालों के मुदीरों की तरह रेडियो और टेलीविज़न के प्रोड्यूसर्स भी अपनी आवभगत कराना जानते हैं। इधर प्रोग्राम दिया उधर दावत से लेकर पैंट-सूट का कपड़ा, कम्पेयर और परफॉर्मर, हक़्क़े-दोस्ती समझते हुए देता है और कभी-कभी प्रोडयूसर, नायब तहसीलदार की तरह अपना हक़ लेने का नुस्ख़ा समझा देता है। भाई अदले का बदला तो होता ही है। बस एक वज़ह से हमें अपना मुल्क सबसे ज़्यादा इत्मीनान बख़्श ज़िन्दगी गुज़ारने का वसीला मालूम देता है और वह है रिश्वत, दुनिया का हर क़ानूनी और ग़ैर-क़ानूनी काम बयक वक़्त रिश्वत के बाइस हमारे मुल्क में हो जाता है। चाहे आपको मुसल्मान होने का सर्टिफ़िकेट चाहिए कि थाने से किरदार का प्रमाण-पत्र। उस में मुल्ला और सिपाही का कोई भेदभाव नहीं। रुपया दो और घर बैठे आराम से चाहे गये काग़ज़ात हासिल करो।

तलब की यह ज़ंजीर इतनी लम्बी है कि बच्चों को पढ़ाने लगी तो बच्चों का जवाबी हमला "आपके पढ़ाने से नम्बर नहीं मिलेंगे।" उस्ताद के ट्यूशन से नम्बर मिलेंगे। भई क्यूँ? जवाब यह कि "उस्ताद कहता है।" कायल करने की कोशिश करो तो जवाब यह "आप हमें आदतन बुज़दिल बना रही हैं" और यह दुरुस्त भी था। जब ट्यूशन लगा दिया गया तो वही बच्चा जो हर मज़मून में रियायती नम्बरों से पास दिखाया जाता था, वही बच्चा पोजीशन लेकर पास हो रहा था। यह मरहला, प्राइमरी और हाई स्कूल में ख़त्म नहीं हो जाता बल्कि कॉलेज और यूनिवर्सिटी में अपनी क़ीमत बढ़ाकर और पुख़्ता होता है। इम्तहानी सेन्टर्स के मुसव्विदे, उस्तादों के पास पर्चे बदलवाने की क़ीमत और

नम्बरों की तैयारी के मराहिल में सौदेबाज़ी, बग़ैर पढ़े-लिखे, डिग्री हासिल करने की क़ीमत और सारी उम्र लेक्चरर की तनख़्वाह लेने के बावजूद, क़सम खाने को कभी क्लास न लेने की मशहूरी के कारण, तरक़्क़ी और अहम लोगों से नज़दीकी के रौब।

अहम लोगों से नज़दीकी के रौब तो नौकरियों में देखने को बहुत मिले। एक अफ़सर को ख़ुश करने के लिए कभी वास्किट, कभी शेरवानी, कभी कुर्ता-शलवार और कभी सूट पहनने को ईमान बनाया। जो अफ़सर भी आप के महकमे का इंचार्ज हो। उस की बीवी से दोस्ती गाँठनी फिर वी.सी.आर., फ़िल्में, अचार, चटनी, मुरब्बे और तोहफ़े, इकट्ठे शॉपिंग और हो सके तो दूर पार का रिश्ता तलाश कर लेना। यह रिहर्सल नये सिरे से आज़माई कि जब अफ़सर बदले, उसके मिज़ाज के मुताबिक़ अपने शौक़ कर लेना और फिर नौकरी को बरक़रार रखने के अगर हर शाम बीवी को साथ लेकर भी अफ़सरे-आला के घर मुलाक़ात के लिए जाना, फ़ायदेमन्द हो तो यह ज़िम्मेदारी भी लगन के साथ पूरी करना।

बीवी नौकर हो तो बीवी को अपने और शौहर, दोनों के अफ़सरों से साहब सलाम रखना। दावतों से लेकर ख़ुशामद के प्यालों में क़लक़ले–मै की तरह ढलना भी बहुत ज़रूरी होता है। ख़ातून की नौकरी को परखने और मश्कूक बनाने के लिए बड़े-बड़े गुर आज़माये जाते हैं। बेतकल्लुफ़ी के पत्ते से लेकर उनकी ज़ाती ज़िन्दगी में मददगार साबित होने का यक़ीन कराने से शुरुआत होती है और फिर सबसे लुभावने अल्फ़ाज़ "आप के साथ मिलकर पहली दफ़ा ज़हनी समानता की नेमत का इल्म हुआ।" या "फिर क्या आप के शौहर को भी आप की बेपनाह सलाहियतों का अहसास है।" और अगर शौहर में कुछ अहसासे-कमतरी का पता चल गया तो फिर सीधा तुरूप का पत्ता, "बेचारा शौहर तो आपकी वज़ह से पहचाना जाता है।" इधर शौहर मियाँ, ऐसा रिमार्क सुनकर यह जानने के बावजूद कि बीवी इन फ़िक़रों को बेवक़ूफ़ी की चादर समझ कर दूर फेंक देती है, अपनी मर्दानगी के लिए चैलेंज समझकर रौब जमाने की प्रैक्टिस में लग जाते हैं। फिर उन्हें अहसास होता है कि घर, बाहर, बच्चों का और ख़ुद अपना हर काम सिर्फ़ उन्हें नीचा दिखाने के लिए है। यह अहसासे जुर्म कभी अच्छी भली ख़ातून को बोलता देखकर

यूँ उबल पड़ता है "तुम बोलती कैसे हो...क्या समझा है तुमने ख़ुद को हर जगह तुम अफ़्सर नहीं हो। हम तुम्हारे मुलाज़िम नहीं हैं।" और कभी यूँ कि इधर टेलीफ़ोन की घण्टी बजी उधर किसी ने पूछा "बेगम साहिबा हैं?" जवाब "यह घर है। उनका दफ़्तर नहीं। उनसे दफ़्तर में बात कीजियेगा।" पलट कर "अब तुम्हारे घर पर भी फ़ोन आने शुरू हो गये हैं।" भई कौन से यार का फ़ोन था कि दफ़्तर के किस काम के लिए फ़ोन था। "नहीं....यह नहीं होगा। तुम्हारे फ़ोन तुम जो कुछ चाहो। दफ़्तर में कर लेती हो, घर पर नहीं बस बस।"

ताल्लुक़ का लफ़्ज़ न जाने किस ने बनाया था। एक रिसाले के एडिटर कॉलेज के ज़माने में घर ग़ज़ल लेने पहुँच गये। घर वालों ने उसे ताल्लुक़ समझ लिया। रेडियो पर स्टूडेंटस के प्रोग्राम में प्रोडयूसर ने ग़ज़ल पढ़वा ली। घर तक छोड़ने आये, ताल्लुक़ बनाने पे तुल गये। अफ़्सर से बात कर ली। अफ़्सर और ज़माने, दोनों ने उसको ताल्लुक़ समझ लिया। किसी खाने पे किसी से बेतकल्लुफ़ी में बात कर ली, बस ताल्लुक़ कि जड़ मज़बूत हो गयी। टेलीफ़ोन पे सादगी से बात कर ली अगले दिन बंदा हाज़िर, कल फ़ोन पे बात हुई, मिलने को जी चाहा और इसमें तख़्सीस क्या...टेलीफ़ोन टेक्नीशियन्स से लेकर साहिबाने-इल्मो-करामात तक दुआओं का वह ढंग कि जिसमें औरत की कमर तक हाथ जाता हो, सुर्मा लगी आँखों से अहवाल टपकाये जाता हो कि बहुत पहुँचे हुए बुज़ुर्ग हैं। उनकी तरफ़ देखो तो जो तहरीर नज़र आती है उसमें कहीं और पहुँचे हुए होने का बुलावा और बेधड़क बुलावा साफ़ नज़र आता हो।

बुलावे पे चले आने की उम्र ने क्या दिया..500 रुपये हक़े-मेहर, सुहागरात की जाग...तने-तन्हा घर की सीढ़ियों पे बैठे ज़िन्दगी बदलने का मंज़रनामा और अन्दर कमरे में साहिबख़ाने के ख़ज़ाने...सुबह उधार का नाश्ता और दिन भर सड़क का चक्कर नौकरी की तलाश में दर-ब-दरी...दोपहर...उधार का खाना....शाम ससुराल वालों की धमकियाँ उठा ली जाओगी...हमारा लड़का छोड़ दो। फिर सुबह पाँच बजे उठ कर घर का काम...फिर यूनिवर्सिटी... फिर दफ़्तर, फिर बस, फिर घर का काम, फिर बीवी का काम बिस्तर तक धनाधन...

रुई की तरह धुनकते, बिखरते और फैलते ये दिन आये कि ख़ुद पुरानी रुई जैसे हुए। होश इसका कब से है। उस वक़्त से जब सय्यदज़ादों के रिश्ते, सय्यदज़ादियों के लिए नहीं आते थे तो अख़बार में छिप छिपाकर इश्तेहार देकर ढूँढे जाते थे कि ख़ानदान बिखर चुका था। एक मुल्क से नये मुल्क में आने के बाद, न बिरादरी थी न वह शनाशाई और साख, शराफ़त तो बुज़दिली की दूसरी शक्ल मुल्क बनते ही समझी जाने लगी थी। बुर्क़ेवालियों ने बुर्क़ा यह कहकर उतार दिया था कि कौन देखता है। ईमानदारों ने रिश्वत इसलिए लेनी शुरू कर दी थी कि कौन टोकेगा। भरे घरों के ताले तोड़कर वे कमज़र्फ घुस गये जिनको पुश्तों से जानने वाले न थे। सय्यद बने, अमीर बने, ख़ानदान वाले बने। हाँ, इन्सान न बने। इन्सान तलाश करने के लिए अख़बारों में इश्तेहार, मगर इस तरह भी सारे ज़माने के लफंगे और घर-दामाद बनने वाले ये बहाना बना कर कि सारे घर वाले उधर रह गये हैं बस आप और आपका ख़ानदान हमारा है। एक-दो मुलाक़ातें...और वह घर में आबाद होने को पराठे अण्डे खाने को तकिया किये हुए हैं। कोई कोई शाइर होने को दावा भी करता, मगर शाइर तो हमारे ख़ानदान में गुनहगार हो चुके थे। हुआ यह था कि अलीगढ़ से वापस आने वाले मामुओं और भाइयों के साथ उनके दोस्त ख़ासकर शाइर क़िस्म के दोस्त भी आ जाते थे। उनमें से एक साहब जो तरन्नुम भी ज़बर्दस्त रखते थे, हमारी एक क़ज़न को लेकर रफ़ू-चक्कर हो गये थे। यह कोई दूसरी जंगे-अज़ीम के बाद का ज़माना था। हमें तो बड़े होकर इस ऐब का उस वक़्त पता चला जब हमारे ऐब बताये जा रहे थे। बस उसी ज़माने से शाइर लफंगे मशहूर हो चुके थे।

शादी के चन्द दिनों बाद जिस एक कमरे में हम रहते थे, वह भी ससुराल वालों की इनायत से छिन गया। अब हम थे और शहर की सड़कें। कभी किसी नौकर की कोठरी में रात और दिन दफ़्तर और सड़क पर, कभी किसी नौकर के दोस्त की दुकान में रात और मुँह अँधेरे वहाँ से उठ जाना, कभी किसी के घर ये कहकर रात गुज़ारनी कि अब तो बहुत देर हो गयी है कहाँ सर्दी में घर जायेंगे। ख़ुदा...ख़ुदा कर के किराये का मकान भी मिला और किराये देने के क़ाबिल भी हुए। अब भी सिलसिला वही था। सुबह का घर का काम फिर यूनिवर्सिटी, फिर दफ़्तर, फिर घर और रात का हर पहर गुफ़्तगू की कड़वाहटों

में तब्दील होता। "उसने तुम्हारी तरफ़ आज देखा था। उस ने तुम्हारे कन्धे पर हाथ रखा था। उसने तुम्हारी प्लेट में सालिन डाला था। वह आया था और वह नहीं आया था। इस गुनाहगारों की क़तार में बुज़ुर्ग भी थे। हमउम्र भी और छोटे भी। रात भर सफ़ाइयों की लहरों में डूबते उभरते फिर सुबह घर का काम फिर यूनिवर्सिटी...कि जिस्म पे बहार का पहला फूल मुझे अपने अन्दर महसूस हुआ। मुसल्सल काम और परेशानी ने उसका गला दबा दिया। अस्पताल ने पाँच माह के बच्चे को ऑपरेशन के जरिये पेट से निकालकर मुझे एक और दुख से आशना किया।

अब अस्पताल मेरी लानत का हिस्सा बना। बरामदों में बड़े पलंग जो मरीज़ा साथ लाती थी और उस पर पड़ी मरीज़ायें जो हमल ज़ाए कर के, सामने की कैन्टीन से बन्द और चाय लेकर, दोपहर और रात को अस्पताल के देगचे का सालिन खाकर ख़ुदा का शुक्र करती थीं। मैं भी उनमें से एक थी। अस्पताल में मर्द जमा करा गया था, जैसे लोग बैंक में पैसे जमा करा जाते हैं। न और कोई अपना था न कोई तवक़्क़ो थी। अस्पताल से छुट्टी हुई तो घर ऐसे आयी जैसे दफ़्तर से उठकर आ जाती थी। यह आदत ऐसी पड़ी कि बच्चों की पैदाइश के दिनों में भी पहली छुट्टी सिर्फ़ उस दिन ली जिस दिन बच्चा पैदा हुआ और गर्भपात कराया तो दफ़्तर से उठ कर गयी और दफ़्तर में वापस उसी कुर्सी पर आकर बैठ गयी। उस के मुक़ाबले में औरतों को देखा कि शबबाशी के बाद बिस्तर से उठ नहीं रहीं। शौहर नख़रे उठा रहे हैं। दूध लाकर दे रहे हैं। दबा रहे हैं। मुँह छिपाकर मुस्कुरा रहे हैं। कनायतन माफ़ी माँग रहे हैं। बेगम और भी तकल्लुफ़ का इज़हार कर रही हैं जैसे ही मियाँ बाहर गये, उठकर बैठ गयी। पूछो तो जवाब कि मियाँ को क़ाबू में रखने को करना पड़ता है। बिल्कुल ऐसे ही जैसे सारा दिन बाज़ार, पड़ोसन, अस्पताल या गप्प की नशिस्त करने के बाद, शाम के झुटपुटे के साथ ही सर पे दुपट्टा बाँध, मियाँ को आता देख झाड़ू पकड़, मसरूफ़ियत की तस्वीर, मियाँ झपट कर झाड़ू छीन, बेगम को बिस्तर पे लिटा, फ़ौरन देखभाल का चार्ट तैयार करने लगते हैं। होते दोनों धोखेबाज़ हैं, कि मियाँ साहब दोस्तों की महफ़िल, फ़िल्म या खाने से सेर होकर या लड़की को फ़िल्म दिखा घर छोड़कर आ रहे हैं। वे अपना ऐब छिपा रहे होते हैं और बीवी अपना, सच है अल्लाह सबके पर्दे रखता है।

अलबत्ता जो काम करे और करना जानता हो उस को जवाब मिलता है "भला यह भी कोई काम है।" दफ़्तर में काम करो। भला यह भी कोई काम है। देखो पढ़ो...भला यह भी कोई काम है। सारे जुम्लेबाज़ी "लड़की की शक्ल देखकर दाद दे देते हैं। रेडियो पे काम करो तब्सिरा "अब लोग पूछते हैं। बेगम साहिबा मिरासियों में चली गयीं।" क्या कहूँ। मैं तो शरीफ़ों में उठना-बैठना बन्द कर दूँगा।" टेलीविज़न पर जाओ तो ताना–"इश्तेहारी लड़कियों और तुम में फ़र्क़ क्या है? वह अपनी तर्ज़ पर अपना आप दिखाती हैं और तुम अपनी तर्ज़ पर" अलबत्ता वह ख़ुद जायें तो हुनरमन्दी उसका सबब ठहरे।

छोटे शहरों में भी सदारत करने जाने से ऐसे ही कई रास्ते खुले, उन शहरों में लाउडस्पीकरों पे और मस्जिदों में ऐलानात हुए कि मर्दाना नशिस्तों में ख़ातून सदारत नहीं कर सकती है। पोस्टर लगाये गये। यूनिवर्सिटी के उस्तादों ने सरकारी अहलकारों को जुम्बिश में आने की दरख्वास्त की। इन तमाम प्रतिबन्धों और रूढ़िवादी रुकावटों के बावजूद प्रोग्राम हुआ। छात्र-छात्राओं से मिलने, बातचीत करने, मसलों की छानबीन करने और कुछ उनकी सुनने का मौक़ा मिला और ये मौक़े इसलिए भी यादगार रहेंगे कि उन इलाक़ों की लड़कियों, ख़वातीन और बहनों को मेरे इन प्रोग्रामों में जाने के बाइस किसी नशिस्त में शामिल होने का मौक़ा मिला। पहला पत्थर और पहला क़दम ही मुश्किल होता है। उसके बाद मिसाल को सामने रखकर आगे बढ़ा जा सकता है।

वह भी तो पहला क़दम था जब हम देहात सुधार के लिए गये, छोटे-छोटे देहातों में एक कमरे के घर कि जिनमें भैंसें भी बँधी हैं और घर वाले भी मौजूद हैं। बच्चे गलियों में नंगे घूम रहे हैं, बीबियाँ खेतों से वापस आकर चारा काट रही हैं। नहाना, धोना, कपड़े बदलना, कन्घी करना, ये सारे काम देहात की ज़बान में फ़ैशन थे। जब अपनी बहनों को बच्चों का मुँह-हाथ धुलाने के लिए कहते तो वो हँसकर या हमें झाड़ कर या ग़ुस्से से बेहूदा बात कह कर पलट जातीं। जब हम बच्चों को पकड़-पकड़ कर मुँह हाथ धुलाते, कन्घी करते, पढ़ना सिखाते तो माँ बाप हमें "पागल" कहकर हँसते और कहते "दो चार दिन में आप ही थककर छोड़ देगी।" मज़े की बात यह है कि शहरी लोगों और ख़ास कर बेबुक़्क़ा औरत से नफ़रत इतनी थी कि जिस पलंग पे हम बैठकर

आते थे उस पलंग को देही बहनें पाक किया करती थीं कि न जाने कौन करस्चन आ गयी थीं। कमाल की बात यह है कि गाँव में कोई औरत बुर्क़ा न ओढ़ती थी। अलबत्ता जिस घर का बन्दा, नम्बरदार, चौधरी या चेयरमैन यूनियन कौंसिल बन जाता था उस घर को बाक़ी घरों से अलग समझने के लिए एक तो टाट का पर्दा पड़ जाता था और उस घर की औरतें काला बुर्क़ा पहनना शुरू कर देती थीं। स्टेट्स बदलते ही आम औरतों से मिलना भी बन्द कर देती थीं।

अब तक लड़कियों को गाँव में पढ़ाने-लिखाने का काम बहुत मुश्किल है। आम ख़याल तो यह है कि लड़की पढ़ी नहीं, फ़ौरन लड़कों को ख़त लिखना शुरू कर देती है। वैसे भी घर का रेडियो, खेत पे जा सकता है, चौपाल पे रखा जा सकता है, मगर लड़की घर में नहीं सुन सकती। जो लड़की गाँव में उस्ताद बनकर आती है उस पर ज़िन्दगी के इम्तेहानात दुगुने हो जाते हैं। अगर लड़की ख़ूबसूरत है तो नम्बरदार से लेकर चौधरी की ख़्वाहिश होती है कि वह उस के साथ ताल्लुक़ात, साहिबे-सलाम और रिश्ता मज़बूत करे। अगर वह मामूली सूरत की लड़की है तो फिर उसका गाँव में काम करना, बुराई फैलाने के समान है। जो लड़की क़बूले-सूरत और नेक हो और नम्बरदार के हत्थे न चढ़े वो नालायक़ और बदकिरदार मशहूर कर दी जाती है। जो मान जाये वह बस उन के देड़े तक महदूद रहती हैं। स्कूल के नाम पे तनख़्वाह लिए जाती हैं। जिस दिन किसी का दौरा हो उस दिन घर के और मुहल्ले के बच्चे तादाद ज़ाहिर करने को मौजूद होते हैं। वैसे तो आसान काम यह है कि क्लर्क की शर्त मान ली जाये, गाँव में जाया ही न जाये। आधी-आधी तनख़्वाह बाँट ली जाये।

गाँव की सूरते-हाल के बहुत से नक़्शे मेरी आँखों में हैं। वे भी कि जब लड़कियाँ हम बेपर्दा औरतों से पर्दा कर लेती थीं। फिर वे भी जब सारी लड़कियाँ अपने रिश्ते पे हाँ "बा जी" से पूछकर करती थीं। जब सारे इलाक़े के मर्द भी यह कहते थे। बा जी मेरी "औरत" की बात सुनकर जाना और "औरत" बच्चे कम पैदा करने के तरीक़े सीखना चाहती थी।" फिर वह ज़माना भी याद है जब देही और शहरी औरत की नफ़रत का सारा अलाव, मेरे गाँव में मकई की रोटी पकाने से भस्म हो कर रह गया था और औरतों ने मेरे रोटी पकाने को चमत्कार जैसा समझा था। उन के ख़याल में शहरी

औरत तो बस देखने की गुड़िया होती है उन्हें क्या मालूम कि शहरी औरत का शऊर, वक़्त का असहयोग और अन्याय दोनों को समझकर ही कमरबस्ता और मुस्कुराता रखता है, वही शऊर उस को कभी गुड़िया बनने, कभी खूँटे की गाय बनने और कभी सब जानते हुए भी बग़ावत न करने पे पाबन्द रखता है। यह सुनने के लिए नहीं कि हाय मरने वाली कितने सब्र वाली थी। सब कुछ हँसकर सहती रही, बल्कि यह जानकर कि मुआशरे में जहाँ भी निकलो, जैसे भी निकलो बस कुछ ऐसे सवाल उठाते रहो जिनका जवाब ख़ुद हमारे पास भी न हो।

महलक़ा की कहानी

आपने मैक्सिको की लड़की लालोका का हाल तो सुना होगा जो तीन साल की उम्र में मर गयी थी, मगर जब चर्च में उस की आख़िरी रस्में होने लगीं तो वह उठ कर छत की कड़ियों से चिमट गयी और चीख़ी मुझे कोई हाथ न लगाये, यह हाल देखकर उसके अपने घर वाले उसे वापस ले जाने के लिए तैयार हुए फिर वह एक उम्र तक जानवरों के दर्मियान रही।

ज़िन्दगी के तीसरे साल से मैं भी लालोका हूँ। मेरी सारी यादें उसी उम्र से जुड़ी हुई और रोशन हैं। मुझे याद है मैं तीन साल की थी। छत की सीढ़ियों से लुढ़कती नीचे रुई पकाने वाली आटे के बर्तन में आन गिरी थी। कोई चोट नहीं आयी किसी ने देखा भी नहीं था। मैं सहम कर बिस्तर पर जा लेटी थी। हर दफ़ा जब मैं छिप के रोना चाहती, किसी से बात न करना चाहती। बड़बड़ाना चाहती। मैं पलंग पर लेट जाती, सोती बन जाती मगर यह फ़ुर्सत हासिल करने का बहाना उस वक़्त ख़त्म हो गया जब ससुराल वालों ने मुझे बहू तस्लीम कर लिया। सारा ख़ानदान मेरे घर आबाद हो गया। जेठानियाँ, सास-ससुर, खलिया सास का ख़ानदान मनों पका पकाकर रखो खाने वाले मिनट में चाट गये, अगर कोई बात हो तो फ़ौरन हमला "हम पढ़ने-लिखने को क्या समझते हैं? हम क्या बेग़ैरत हैं? औरतों की कमाई खायें। हाय यह हमारा लड़का तो उल्लू का गोश्त खा गया है, इसकी तो ग़ैरत ही मर गयी है। यह तो इसे कुछ कहता ही नहीं। कभी गाड़ी चलाना सीखती है तो कभी रेडियो जाती है। कभी शेर लिखती है और कभी मर्दों के साथ मिल कर क़हक़हे लगाती है।"

हाँ, जब उनका लड़का अमेरिकी और देसी लड़कियों के साथ घूमता और रातों को दो-दो बजे आता। मैं लड़ती तो सास कहती "मर्दों का काम ही

बाहर फिरना होता है हमारे लड़के ही इतने ख़ूबसूरत हैं उन पे लड़कियाँ मरती फिरती हैं। तो क्या वे नामर्द हैं। उनको मिल लेते हैं तो क्या हर्ज है? "हाथी फिरे गिरां गिरां जिस का हाथी उसी का नां।" हाथी तो यह सुनकर और भी शेर होते फिर अस्ली हालत पर आ जाते। " धौल धप्पा इन सरापा नाज़ का शेवा" बन जाता। मुक़र्रर की बात ख़त्म हो तो शेर आसरा देता है मुजरिम का ज़हन जवाब देने लगे तो गाली और दोहत्तड़ उसका आसरा बन जाते हैं। हाँ जवाबन "हाथ उठे तो क़िस्सा कहानी, तोता कहानी की तरह हर शख़्स की ज़बान पर, यज़ीद की तरह ज़ुल्म करने वाला ज़ुल्म की दुहाई देता नज़र आता है।"

क्या क़यामत है दिन को दस घरों पे काम करने वाली रात को बिस्तर भी गर्म करे और दिनभर की कमाई उस कुप्पी के लिए फ़राहम भी करे जो मर्दानगी को वल्वला देती है। मैं लरज़ गयी। मेरी काम करने वाली जब बच्चा जन के अगले दिन काम पर भी आ गयी। मगर उसका क़िस्सा तो यह था कि बच्चा पैदा करना उसके लिए कोई सुर्ख़ाब का पर नहीं लगाता था। उस को तो कोई भी फ़िल्मी अन्दाज़ में यह नहीं कहता था कि तुमने मुझे बाप बना दिया। मैं कितना ख़ुश क़िस्मत हूँ। उनकी क़िस्मत तो उन नीलों, ज़ख़्मों और फ़ाक़ों में शुमार की जा सकती है जो सारे दिन काम के बावजूद उनकी ज़िन्दगी ठहरते हैं।

घर मुहल्ले की इकाई का हिस्सा होता है। हर शख़्स की दूसरे पे नज़र होती है। मदद के लिए बहुत कम और ऐब निकालने के लिए ज़्यादा रद्दी बोतलें बेचनेवाला अगर ड्योढ़ी से सहन में चला गया तो मुहल्ले वालों को ख़बर होती है कि कितनी देर बाद बाहर आया। अगर सब्ज़ीवाले से पड़ोसन ने हँस कर बात कर ली है और उसी सब्ज़ी वाले ने दूसरी बीबी को जल्दी से सब्ज़ी लेकर चलता किया तो यह भी मुहल्ले भर की ख़बर होती है। किस के घर कौन आता है, कौन कहाँ जाता है, क्या खाता है और किससे मिलता है। ये सारी ख़बरें घर वाली से ज़्यादा मुहल्लेवालियों को होती है। अगर कोई नौकरी पेशा औरत हो तो सारे मुहल्ले की औरतों को उसके दफ़्तर या स्कूल जाने के वक़्त का इल्म होता है। सब अपने काम छोड़-छाड़ कर दीवार छत, चिक़ या खिड़की से उसको देखने के लिए खड़ी होती हैं। महीनों बाद किसी दावत में मिलेंगी तो कहेंगी फुलाँ आपकी साड़ी, आप का सूट, मेरी आँखों ही में रह

गया और वह बेचारी दफ़्तर स्कूल वाली जो मारों मार तैयार हो कर गयी होती है, उसको तो शाम को भी याद नहीं होता कि कौन-सा कपड़ा सुबह पहना था।

बहुत-सी बातें ज़हन भुला देने का सलीक़ा न सीखे तो इन्सान तो ख़ुद अपने अन्दर गूँजती आवाज़ों से पागल हो जाये। शायद इसीलिए जब क्वार्टरों की एक खोली से एक औरत बाहर जाती और शाम को बन सँवर के वापस आती है तो उसका मियाँ उसे कुछ नहीं कहता। घर में बच्चों के नये कपड़े उसे भी अच्छे लगते हैं। घर का नया सामान उसे भी बुरा नहीं लगता और पड़ोसन को उसके साथ बाज़ार जाने का वादा याद दिलाने को बार-बार चक्कर लगाने पड़ते हैं।

चक्कर उस पड़ोसन को भी लगाने पड़ते हैं जिसने अपने साथ वाले घर में एक अजनबी को कई दफ़ा आते देखा था। फिर वह उसका पता ले के और यह कह कर "मेरी दोस्त को पता न चले। आज शाम वे दौरे पर गये हुए हैं। "उस अजनबी को बुलाकर अपनी ज़िन्दगी की काई जमी दीवार को तोड़ना पड़ा है। बड़े घरों की क्या बात है। वहाँ तो दस ख़स्मी, छह ख़स्मी और दोस्तों से दग़ा करने वाली औरतों के अलावा उन बीबियों की बड़ी मार्केट है जो एक दो शौहर छोड़कर ज़िन्दगी से खेल रही हों।

देहात में भी बच्चे छोड़कर आशना के साथ फ़रार होने वाली का फ़ज़ीहा लेकर उसके मियाँ थाने बैठा फ़रियाद करता होता है। "साहब जी! मेरे बच्चे रुल जायेंगे। इनकी माँ फलाँ के साथ भाग गयी है। उसको निकाल दो" या फिर वह हौसलेवाला भी होता है कि पैसा-पैसा जमा कर के उस को तलाक़ दिलवाता, फिर पैसा-पैसा जमकर के ब्याह के लिए गहने बनाता और रुख़्सत कर के लाता है। क़त्ल और इश्क़ दोनों बराबर चलते हैं। कुछ हो जाये तो शहर की तरह मसला नहीं। गाँव की दाई चिमटी और धागे से सब कुछ ठीक कर लेती है।

अब तो यह बात शहर में भी मसला नहीं है। बाहर से हेल्थ सेन्टर, बिन औलाद माओं की इलाजगाह, मैटर्निटी होम और अन्दर से हर माल मिलेगा पाँच हज़ार में। क़ुर्बानी के दिन क़साइयों का एक बकरे की गर्दन काटने और एक की खाल उतारने वाला मंज़रनामा दोबारा सिलसिलेवार होता नज़र आता है। एक को टीका लगाया, दूसरी को स्ट्रेचर पर डाला, तीसरी को उठा

कर बिठाया और सोशल वर्करों में अपना नाम लिखवाया। वहाँ इन औरतों, लड़कियों को कौन लाता है, मैंने तो देखा बहुत कम तन्हा आती हैं। ज़्यादातर के साथ मर्द होते हैं। वह जो जेब से पाँच हज़ार निकाल कर देते हैं। कुछ के साथ बूढ़ी-बुज़ुर्ग औरतें होती हैं। ऐसी डॉक्टरों ने भी इलाक़ा पुलिस की तरह थाने और इलाक़े बाँटे हुए होते हैं। फिर जैसे दवाओं की दुकानें एक जगह, कालीन की दूसरी जगह, क्रॉकरी की तीसरी जगह होती हैं बिल्कुल ऐसे ज़रूरत के ये क्लीनिक पॉश इलाक़ों से होते हुए, गलियों-मुहल्लों तक पहुँच जाते हैं। जहाँ काम ज़रा ज़्यादा होता है वहाँ क्लीनिक भी ज़्यादा। कुछ लोगों को तो महीने के महीने आना पड़ता है। शुक्र है कि अब तो टीके निकल आये। छोटे ऑपरेशन भी होने लगे वर्ना रोज़ की मसरूफ़ियात में यह फ़ुर्सत भी निकालनी पड़ती थी।

बिल्कुल उसी तरह जैसे हमारी बहुत-सी आंटियाँ फ़ुर्सत निकाल कर अपनी नवोदित, चंचल और नयी-नयी पॉपुलर होने वाली भतीजियों के लिए पार्टियों का अहतिमाम करती, ख़ुशमिज़ाज और बामज़ाक़ लोगों को बुलाती और नूरी नकोर कहकर "नारी सौन्दर्य" पर ख़िराज पाती हैं। कई आंटियाँ तो कई बच्चों की माँ का बदन देखकर, स्कूल या कॉलेज की यूनिफॉर्म पहना कर टपकती रालों की तिश्नगी दूर करने का सामान करती हैं।

यह अलग बात कि जो औरतों के महमूद ग़ज़नवी होने का दावा करते हैं। उनकी अपनी अस्लियत क्या होती है? या तो शराब के नशे में बदमस्त हो जाते हैं और ख़ूबसूरत माशूक़ा जेब की पूँजी लेकर चम्पत हो जाती है या फिर उसको यह यक़ीन कराते हैं कि उसके हुस्न के तिलिस्म के आगे सारे ताक़तवर जवाब दे गये वर्ना ज़िन्दगी में ऐसे-ऐसे मज़े चखाये हैं कि औरतें कानों को हाथ लगाती फिरती हैं।

ज़िन्दगी के मज़े लूटने की ख़ुशी की कैफ़ीयत में मुब्तिला रहना कुछ लोगों का पहला काम होता है। रेस के घोड़े पर दाँव लगाने वाले कमाल मश्शाक़ियत से घर की सारी पूँजी इस वादे पर निकलवाते हैं कि वापस आयेंगे तो घर के बाहर रॉल्स रॉइस, घर में एयर कंडीशन्स और बदन पर ज़री का लिबास होगा। वापसी का सफ़र सड़क-सड़क घर आते गुज़रे तो उसे पलक झपकते मंज़र बदलने का हवाला समझ कर फ़रामोश करने के लिए लाज़िमी

क़रार दिया जायेगा। रेस के घोड़े की तरह हर शख़्स और हर मौक़े को दाँव पर लगाने वालों को इन्सान भी रुपये की शक्ल में हाथ से फिसल जाने और बेइख़्तियार कैफ़ीयत में तब्दील होने वाली चीज़ मालूम देती है। बीवी भी रेस का घोड़ा और ज़िन्दगी भी दस-दस के भाव मालूम देती है।

मैं भी शिष्टाचार की इस ज़ंजीर को हिलाते रही जहाँ रेस की कमाई हराम की कमाई कहलायी जाती है, मगर दूसरी सम्त से मेरे मुलन्टेपन, रूढ़िवाद और पुरातन प्रिय होने के तमग़े के जवाब में रेस के घोड़े धूमधाम के साथ दौड़ते रहे। उस घर में जहाँ मैं थी उन्हीं रेस के घोड़ों की कमाई से आयते-करीमा के ख़त्म, उर्सों पर देग चढ़ाने का फ़र्ज़ और रेस का घोड़ा जिताने के लिए दाता साहब जा के एक टाँग पर खड़े हो के वज़ीफ़े का जप करते रहे। मैं घर में थी। मुहब्बत की शादी थी। मैं दफ़्तर से घर आती तो देखती कि आठ-दस अमेरिकन और क्रिश्चियन लड़कियाँ चाय पर घर पर बुलायी हुई हैं। वही लड़कियाँ कि जिन के साथ दफ़्तर के काम आते-जाते मैं मियाँ को गाड़ी में घूमते या दफ़्तर की छत पर खड़े ख़ुश गप्पियाँ करते देखती। किसी वक़्त झल्ला कर प्रतिरोध करती तो व्यंग्यात्मक लहजे में जवाब मिलता "तू तो पागल है तेरा तो दिमाग़ ख़राब है। वह लड़की बहुत अच्छी है और फिर ऐसी लड़कियाँ तो मिलती ही रहती हैं, तुम तो बीवी हो।"

"तुम तो बीवी हो। "ये फ़िक़रा हर इम्तिहानी लम्हे का मेरे लिए जवाब था। दफ़्तर में रक़म ग़ायब की जा रही है और ऐश लड़कियों के साथ हो रहे हैं। सारा ज़माना कह रहा है "तुम कैसी बीवी हो उसको चेक क्यूँ नहीं करती, "चेक करो तो जवाब मिलता "तुम्हें क्या...मैं जो कुछ भी करूँ। तुमको इतनी ही शिष्टता अज़ीज़ थीं तो किसी मौलवी से शादी कर लेतीं।" मुहब्बत की शादी को लड़कियाँ तबाह कैसे करें, ख़ामोशी के पर्दे रखने पड़ते। मगर फिर राज़ सामने ज़ाहिर हुए। अब सामने नौकरी के ख़्वाब होने और जेल की सलाखें आने का मंज़र था। वही बीवी कि जो उनकी शिष्टता में दख़लअन्दाज़ी नहीं कर सकती थी। खेवनहार समझी जा रही थी। गिड़गिड़ाहट, इल्तिजा, वादा निभाने की कस्में, बीवी की वफ़ादारी की तारीफें, सेक्रेट्री और बड़े अफ़सरों से जाकर मिल कर दास्तान ख़त्म कराने की दरख़्वास्त।

मंज़रनामा बदलता है। सब कुछ ठीक हो जाता है अब वही सेक्रेट्री या अफ़सर और बीवी कि जो सूरते-हाल की तब्दीली के लिए काम आते हैं बदचलन बन जाते हैं। फिर मंज़रनामा बदलता है...मुहरे बदल जाते हैं। बिसात और बिछ जाती है। फिर शह को मात होने लगती है, प्यादा काम आता है... मगर...प्यादा फिर प्यादा होता है...शाह शाह ही होता है।

रात आती है। जाम छलकने शुरू होते हैं। रात बढ़ती जाती है। गालियाँ ज़ोर-ज़ोर से फिसलती हुई कमरों में गूँजती हैं। सहन रंग-बिरंगी उल्टियों से गुलज़ार होते हैं। शाइरी लुढ़कती हुई होंठों पर ठहरती है...मगर जो शाइर है वह अन्दर कमरे में किताब और बच्चों से वाबस्ता है। जो शाइर न होने का दावा करते हैं वे अत्यधिक शोर में डूबे जा रहे हैं।

सरमस्ती की मंज़िलों पर पहुँचकर गिरते-पड़ते बेडरूम, दूसरे लम्हे और खर्राटे और फिर "छोड़िये रात गयी बात गयी।"

छना छन...छना छन...घुँघरूओं की आवाज़ गाल पे रखे रुपये-रुपये के नोट, चुटकी के साथ पकड़ती रक़्क़ासायें...मुजरा...गोद में बैठकर और बिठाकर, मर्दानगी को ख़िराजे-अक़ीदत, मेरा साथ बैठकर मुजरा सुनना, मेरी ज़बरदस्ती की वज़ह से गवारा, मगर साथ ही फ़िक्र, हाय बच्चे बेतवज्जही के शिकार और बाप के रोज़ के मशाग़िल के बाइस बच्चों के बारे में ऐसे ख़याल...ख़ुदा न करे।

आधी रात को फ़ोन की घण्टी...थाने से फ़ोन.....फलाँ गुल-गप्पाड़ा करता पकड़ा गया है। आकर ज़मानत दो...रक़म की अदायगी...अगले दिन वही शख़्स बात करता दिखाई देगा। "उनकी बात मत करो यार! बस ज़बान बन्द रखो। अपने दोस्त की बीवी कहलाती है...क्या बतायें...बस करो..."

दिन भर के धन्धे और शाम की मुसल्सल कोफ़्त को डुबोने को सोचा कि चलो ख़ुद भी ज़ायक़ा लें। शराब का जाम उठाया...ग़ैरत की चिंगारियाँ लौ दे उठीं। औरत, मर्द का क्या मुक़ाबला...तुम क्या मेरा मुक़ाबला करोगी...? किसकी सोहबत में बुरी आदत पड़ी है...कौन है वह ख़ुशनसीबा सारे मुल्क में इश्तेहार और इन तरक़्क़ीपसन्दों की भी उँगलियाँ उठ रही हैं कि जो औरत की बराबरी का नारा इन्क़लाब के नाम पर मारते हैं। अख़लाक़ की सारी ज़रूरत सिर्फ़ औरत को है। टीवी पर मर्द जाये तो हुनरमन्द, औरत जाये तो

बदकिरदार, पब्लिसिटी की शौक़ीन कहलाये, रेडियो पर मर्द को चाहे सिर्फ़ सदा लगाने का मौक़ा मिले आबरूमंदी क़रार पाये, औरत का किसी भी प्रोग्राम में काम करना...अय्याशी का बहाना किया जाये। मर्द का गाहे-गाहे बेइत्तला शाम को दावतों में जाना ज़रूरत और औरत का इत्तला के बावजूद सरकारी दावतों में जाना भी सच्चे पतिव्रता धर्म को तोड़ने के समान क़रार पाये। मर्द का बेइत्तला घर से ग़ायब रहना उसकी आज़ादी का हिस्सा, औरत का इत्तला कर के इंफ़रादी सतह पर किसी काम या मीटिंग पे जाना बेलगाम आज़ादी का नाम ठहरे।

मग़रिब में मर्द के इन्हीं रवैयों के बाइस औरत ने लेस्बियन होना पसन्द किया कि चौके और कोफ़्त कम होगी। मगर हम किसी लेस्बियन औरत को देखते हैं तो घबराहट होने लगती है। मुझे याद है एक नक़्क़ाद ख़ातून अपने इसी अन्दाज़ के लिए मशहूर थीं। उन्होंने अपनी हिफ़ाज़त के लिए एक कुत्ता भी रखा हुआ था। हर मर्द उनकी आदत का ख़ुफ़िया राज़दार बनना चाहता था। एक दिन इम्तिहान की घण्टी मेरे गले में पड़ी। रात मुझे उनके घर गुज़ारने के तजुर्बे से गुज़रना पड़ा। जाती गर्मियों के दिन थे मगर मैंने ख़ौफ़ के बाइस सहन ही में सोने को तरजीह दी। वह ख़ातून कभी उठती, गोलियाँ खा लेतीं, कभी पानी पीती, कभी मेरे पलंग पर आ बैठती, मैं अन्दर ही अन्दर तजुर्बा करने वालों को गालियाँ देती। सहमी सिकुड़ी हुई लेटी थी जब उन्होंने ख़ुशबू हाथ पे उड़ेल कर मेरी गर्दन और सीने पर मलनी चाही। फिर मैंने रोक दिया। मुझे लगा मुझे उस ख़ुशबू से उल्टी आ जायेगी। सारी रात इसी उधेड़बुन में गुज़र गयी। सुबह ख़ातून को नाख़ुश छोड़कर घर आ गयी।

ये ख़ातून तो मग़रिब गयी ही न थीं। कई ख़वातीन जो मग़रिब हो आयी हैं और हर मंज़िल को छोड़ आयी हैं। वे भी वतन आकर या तो लेस्बियन हो जाती हैं या फिर नॉस्टेल्जिया में गिरफ़्तार होकर उसी माहौल में ज़िन्दा रहती हैं। एक ख़ातून वहाँ इश्क़ में नाकाम होकर नर्वस ब्रेक डाउन कर के वापस मुल्क में आयीं और आज तक जो कहानी भी है, वे उसी इश्क़ और उसी माहौल में क़ैद हैं। इसी तरह मर्दों का हाल है। ज़रा दौरे पर गये। लड़की देखी इश्क़ में गिरफ़्तार। फ़ौरन बीवी बेकार औरत मालूम होने लगा। मग़रिबी लड़की ने दुत्कारा तो सारी उम्र उस के बालों की लट लिफ़ाफ़े में रखे और दूसरों को

दिखाते गुज़ारी। कोई लड़की अगर किसी खिड़की में एक दफ़ा नज़र आ गयी तो सारी उम्र उसी खिड़की के दूसरे मंज़रनामे के इन्तज़ार में, सारी शाइरी, अफ़सानानिगारी और इश्क़ की दास्तान तहरीर कर दी। वैसे मश्रिक़ी मर्द होता बड़ा घरेलू है। हर इश्क़ में शादी की तज्वीज़ ज़रूर पेश करता है। हक़े-मेहर तक तय करने बैठ जाता है। इश्क़ को बदनामी से बचाने के लिए बहन कह देना फ़िल्म से सीखा है और अब तक आज़माया हुआ नुस्ख़ा है।

मनोवैज्ञानिक (जो ज़्यादातर मर्द हैं) दास का तज़्जिया यह करते हैं कि ऐसे लोग माओं के बेटे ही रहते हैं और महबूबा से लेकर बीवी और दोस्त में माँ ही की तलाश कर रहे होते हैं। ऐसे लोग अपनी शख़्सियात की नामुकम्मलियत के अहसास से आगाह भी होते हैं और अहसासे-कमतरी का शिकार भी। मगर आदत में हुज्ज़त, अक्खड़पन और हठधर्मी का सुर्ख़ाब लगाते हुए, वे कुछ करते रहने को अपनी ज़िन्दगी का मिशन बना लेते हैं। वे दूसरे की अना को ठेस पहुँचाने, अज़ीयत देने में ही फ़ख़्र महसूस करते हैं। ये हठधर्मी और हुज्जत, मुहब्बत और नफ़रत के इस फ़ल्सफ़े की मूरत भी होती है कि नफ़्सियाती मरीज़ को मुहब्बत मिले तो वह अकड़ता है, अलबत्ता नफ़रत और खिंचाव हो तो वह बिछ-बिछ जाता है।

ज़िन्दगी के इस SEE-SAW पे, मैं सवार थी, मगर शिष्टता के विपरीत रद्दे-अमल के बाइस मेरे अन्दर की ज़ात ने अपने शिष्टाचार ख़ुद बनाये कि जिसके सामने, मैं ख़ुद जवाबदेह थी। मेरे अन्दर की ज़ात ने कश्मकश से निकलने के लिए भी ख़ुद कार्य योजना तैयार की जिसकी दो सूरत हो सकती थीं। एक तो यह कि अपने अन्दर सफ़र शुरू कर दो और क़ब्रिस्तान में, पीरों मज़ारों पे बैठनेवाली, दाता साहब के सारा दिन पड़ी रहनेवाली बीबी बन जाओ। यह मेरी रगों में दौड़ते ख़ून के लिए शर्मनाक था।

दूसरा तरीक़ा ख़ुदकलामी और लिखने का था। यह सच्चा साथ साबित हुआ। ख़ून के रिश्तों से भी मज़बूत, औलाद से भी ज़्यादा क़रीब, बल्कि औलाद का मसला तो शायद मेरे लिए अनोखा था। घर में सारे मर्द और मैं अकेली औरत। अकेली होने का ठठोल बच्चे और वह भी छोटे बच्चे ने यूँ उड़ाया था कि "अम्माँ इस घर में तो मय कुत्ते के सारे मर्द हैं। आप अकेली औरत हैं। आप हमारा मुक़ाबला क्या कर सकेंगी।" यह और ऐसे फ़िक़रे

व्यंग्य में कहे जाते और सारे मर्द उस पर ख़ुशदिली ज़ाहिर करने को क़हक़हा भी लगाते। मैं औलाद पे नाराज़ होती तो बाप से जवाब मिलता "तुम ख़ुद जैसा सुलूक करती हो औलाद भी वैसा ही सुलूक करेगी "उनको शह मिलती। अब वे और शेर होकर मुक़ाबला करते।

ददियाल की हर वक़्त की गिरफ़्त, रेस के पैसों का ख़र्च, बच्चों का मुक़ाबला करने का रवैया। कौन समझाता कि ईमानदारी की कमाई और रेस की कमाई में फ़र्क़ होता है। होते-होते 'आइडल्ज़' तब्दील होते गये। उन के हीरो बाप और दूसरे रिश्तेदार बने। लड़के-लड़कियों के ताल्लुक़ात और इश्क़ो-आशिक़ी के क़िस्से मज़े ले लेकर, सब सुनने को तैयार थे और मैं इन बातों पर प्रतिबन्ध रखना चाहती थी। होते-होते माँ "अनडिज़ायर्ड" क़रार पायी और उसमें कीड़े निकालने की जरूरत ज़ोर पकड़ती चली गयी। चूँकि पढ़ना लिखना नामंज़ूर था इसलिए माँ भी नामंज़ूर और अब जीने का हौसला, यही चुभन कि माँ क्या 'शै है'। समझती क्या है हम बेइज़्ज़ती करेंगे माँ की, तो सब रिश्तेदारों की नज़र में बहादुर ठहरेंगे। बहादुर क़रार पायेंगे और हमारी अपनी शख़्सियत होगी। गोया पढ़ने-लिखने और इल्म के जरिये इज़्ज़त कमाने का हुनर, भर्त्सना किये जाने के क़ाबिल समझा गया और यूँ ज़िन्दगी के पलड़े में नफ़रतों का एक और पत्थर रखा गया।

तहरीर ने इन नफ़रतों के सामने ढाल बनकर खड़े होने का अहद किया। उस सैलाब को रोकने के लिए क़लम ने बाँध-बाँधा। घर के अन्दर एक और घर बन गया। मेरा अपना घर, मेरी ज़ात से ख़ुदकलामी का घर, जिसमें क़लम और काग़ज़ मेरे दोस्त बनकर मेरी तसल्ली भी करते और मुझे मुस्कुराहटें भी देते। इनकी दोस्ती पे मैं इस क़दर एतमाद करने लगी कि जिस दिन पढ़ा नहीं, उस दिन समझा कि आज खाली-ख़ाली हूँ। बिल्कुल अकेली हूँ।

मुझे अकेला रहना बहुत अच्छा लगता है एक तरफ़ सारी दुनिया को यह मालूम है कि मैं महफ़िलें आरास्ता करती हूँ, और दूसरी तरफ़ मैं अकेली होकर दिन में एक आध घण्टा बिल्कुल अलग, बिल्कुल ख़ामोश और अपने ख़यालात के साथ दौड़ लगाती, हँसती-मुस्कुराती और पागलों की तरह अपने आपसे बातें करती हूँ। मुझे ख़ुद से बातें करना बहुत अच्छा लगता है। बुरी और अच्छी दोनों तरह की बातें मेरे अन्दर गूँजती रहती हैं। मेरे अन्दर साँस

लेती हैं। बुरी बातें ज़हन और जां को ख़ूब कचोके देती हैं और अच्छी बातें मुझ अकेली को ख़ूब हँसाती हैं। मेरी इन आदतों की बिना पर कुछ लोग कहते हैं मैं स्वार्थी हूँ। आत्ममुग्धता की मारी हुई हूँ। ख़ुद से ज़्यादा किसी को प्यार नहीं करती। किसी रिश्ते को अपने ज़ात के आगे नहीं आने देती। औरत, बीवी और माँ बनकर जीने से ज़्यादा मज़ा मुझे शाइरी में मिल जाता है। मेरे ज़हन का उबाल, चिन्ता और अकड़न सब कुछ शाइरी ही तो ख़ारिज करती है मगर यह मुझे क्यूँ भूल जाता है कि मेरी शाइरी किसी की ढाल पर, किसी की शाख़ पर, परवान चढ़ी है। मैं कितनी ही ज़िद्दी, अक्खड़, हठधर्मी और बाग़ी क्यूँ न हुई, मुक़ाबिल की शख़्सियत अगर कमज़ोर या लचकदार न हुई तो मेरे अन्दर की उठती, अंगड़ाइयाँ, मुआशरती हदों को क़ायम रखते हुए परवरिश पा सकती थीं। अगर मेरे मिज़ाज की बेबाकी को बर्दाश्त करने की बजाय हथकड़ियों में जकड़ा दिया जाता तो...? तो भी मेरे अन्दर की शख़्सियत को ज़िन्दा रहना आता था। इस का सबब यह कि मेरे अन्दर ज़हनी अनुशासन की जो क़ुव्वत है वह हर्क्यूलस की तरह क़ाबू में है। अगर कहूँ उस वक़्त से क़ाबू में है जब मैंने अर्द्धरात्रि के बाद की नमाज़ और जलाली वज़ीफ़े (ईश्वर के रौद्र रूप की प्रार्थना) तक पढ़े थे। ख़ुद को यह कहकर आज़माती थी–"अल्लाह मियाँ मुझे चार बजे उठा देना।" अलार्म नहीं लगाती थी। ठीक चार बजे मेरी आँख खुल जाती थी।" फिर यह हुआ कि जो मंसूबा काम या ज़िम्मेदारी सामने आयी, तय किया। दुआ माँगी। ख़ुद से अहद किया। ज़हन में दीगर कामों के बावजूद प्लान बनाया। काम शुरू किया और जो लम्हा मिला, उसको इस्तेमाल कर लिया। ज़िन्दगी में ये लम्हे बहुत कम आये कि कहती किस क़दर वक़्त जाए किया। वक़्त इस्तेमाल करने की कुव्वत के बाइस दुनिया के अलावा कभी मुझे ख़ुद हैरत होती है कि सारे काम कैसे हो जाते हैं? उन कामों में तफ़रीह भी शामिल है, दोस्तों से मुलाक़ात भी आती है और वे महफ़िलें भी कि जिनको कुछ लोग मेरी ज़िन्दगी और मसरूफ़ियत की कुल पूँजी समझते हैं।

ज़िन्दगी में सिर्फ़ कामयाबी ही मेरी डिक्शनरी नहीं रही। पाँचवीं जमात में फेल हुई थी एक मज़्मून में पूरे नम्बर और एक में सिफर आया था। यूनिवर्सिटी के एक तक़रीरी मुक़ाबले में भी हार गयी थी। नौकरी में चमचागिरी न करने के बाइस बेशुमार दफ़ा अवनति हुई। न मैंने वज़ह पूछी न बताई गयी।

यूँ भी हुआ कि एक दफ़ा तरक़्क़ी हुई। दफ़्तर का चार्ज मुझे सँभालना था, सेक्शन के दो लोगों ने हँगामा कर दिया। उनकी दलील यह थी कि औरत दफ़्तर की इंचार्ज नहीं हो सकती। ज्ञापन लिए दफ़्तरों में फिरे। मेरी वहाँ पोस्टिंग नहीं की गयी फिर थोड़े दिनों बाद मेरे कहने और ज़िद करने पर पोस्टिंग हुई। जिन साहिबान ने मुख़ालिफ़त की थी मैं उनके कमरे में ख़ुद मिलने गयी तो उनका सारा गिला जाता रहा और यूँ औरत के अफ़सर लगने का रास्ता खुला।

"अच्छी बीवियों को घर से नहीं निकलना चाहिए।" ये फ़िकरा हर उम्र हर अहद और हर शक्ल के मर्द का तकिया कलाम होता है। वैसे गुस्ताख़ी बेधड़क और ख़ुदसर बीवियों को एक और बहाने वे रोक लेते हैं। कहते हैं मैं ख़ुद तुम्हें ले जाकर लाऊँगा। अब कई जगहों पर शौहर को नहीं बुलाया जाता। वहाँ बीवी को बार-बार कहना पड़ता है। अरे तुम्हारे आने की बार-बार ताकीद की गयी है। फिर शौहर को देखकर उन्हीं लोगों का बातें बनाना जो शौहर को न देखकर भी बातें बनाते हैं और प्रोपेगंडा कि उसका शौहर बहुत बोर करता है। कुछ शौहर अपने शौहर होने को अपने सर पर ताज़िये की तरह उठाये फिरते हैं। बीवी के साथ दुमछल्ले की तरह बँधे हर शहर, हर तक़रीब में इस हद तक कि हर मुल्क में उसके साथ-साथ, वे न हों तो बीवी घर पर बंधी गाय की तरह रहे। बीवी को कहीं जाने से रोकने का एक और रास्ता भी है और वह है कि साँप भी मरे और लाठी भी न टूटे। पूछा फलाँ जगह जाना है? जवाब हाँ जाना है" फिर ख़ामोशी। तयशुदा वक़्त पर दोनों तरफ़ तैयारी मगर वह चलने को तैयार नहीं बीवी आख़िर तंग आकर पूछे "जा नहीं रहे" सवाल–"कहाँ"। बड़े सब्र के बाद जवाब "भई आज फलाँ जगह नहीं जाना था" "ओहो मैं तो वहाँ नहीं जा रहा मैं किसी और जगह जा रहा हूँ।" बेगम साहब ने मुँह फुला कर बैग इधर, साड़ी उधर फेंक और लेट गयीं। फ़ौरन लम्बा साँस ले कर मियाँ ने हुंकारा "अच्छा भई हम तो चले" बाद में पता चला कि पहुँचे वहीं थे। सवाल करो तो टका सा जवाब "मेरा जी किया था चला गया। तुम्हारा जी करता तो तुम भी चली जाती।"

ये फ़िक़रा हथौड़ा बनकर लगता रहे तो फिर एक दिन ज़ब्त का बाँध टूट जाता है और फिर उन घरों में ये सिल्सिला-ए-कलाम और राब्ता इस क़दर रह जाता है। मैं जा रही हूँ या फिर "मैं जा रहा हूँ" वर्ना ये ज़हमत भी बेज़रूरत

एक घर में कई घर सब एक-दूसरे से लाताल्लुक़, नावक़िफ और एक-दूसरे को ज़ज्बाती तौर पर दुख पहुँचाकर मुत्मईन ख़ुशहाल मुत्मईन, ख़ुशनसीब घराने, जिनकी मिसालें दी जाती हैं।

यूँ भी होता है कि जो किरदार मर्द अमूमन अदा करता है वही किरदार, चन्द बीवियाँ भी इख़्तियार कर लेती हैं। मियाँ उनकी मर्ज़ी के बग़ैर बाहर नहीं निकल सकता। वह हसरत मोहानी की बीवी की तरह मसाले तो नहीं पिसवातीं। हाँ, नाक के चने उसी तरह चबवाती हैं। वे अपने दोस्तों से मिलना बन्द कर देते हैं। दफ़्तर के माहौल में भी हर वक़्त बीवी की ख़ुशी का काम करते हैं। बीवी के रिश्तेदारों से मिलते हैं। बीवी के मुसव्विदे नक़ल करते हैं। बीवी के लिए खाना पकाते हैं। बीवी का काम सिर्फ़ बन संवर कर बैठना होता है। वे बीवी की साड़ी की फॉल लगाने से लेकर बच्चे के नेपकिन बदलते और दूध बनाते नज़र आते हैं और चैन की बाँसुरी बजाते हैं।

दोस्तियों का सोचो तो मियाँ-बीवी में तो दोस्ती होती ही नहीं। बेतकल्लुफ़ी से बुलाओ तो ख़ुद मियाँ कई दफ़ा घबरा जाता है और कहता है मैं तो कुछ नहीं कहता, माँ-बाप कहते हैं कि बीवी तुम्हारी इज़्ज़त नहीं करती। तुम्हारा नाम लेकर बुलाती है। वे बीवी को कहते रहें बकवास मत करो। हाँ, बीवी कह दे तो मर्दानगी की जलील हो जाती है। मर्द चाहे जितना मारे उसका हक़ है। बीवी जवाबन हाथ उठाये तो ये मर्दानगी की तौहीन और बीवी की हदों से आगे बढ़ जाना हो जाता है। फिर ये बहसें उन ख़यालात को पुख़्तगी देती हैं कि औरत को किस क़दर और कहाँ-कहाँ मारा जाना धार्मिक क़ानून अनुसार जायज़ है।

सोच...यह अजब लफ़्ज़ भी है और धारा भी। मैं इसका सफ़र गिनने लगूँ तो अपनी उम्र के पाँचवें साल में खड़ी हो जाती हूँ। जब माँ ने मसाले पीसने को कहा तो मैंने गली में निकलकर अपने हम उम्रों से पूछा क्या ये मेरी सगी माँ हैं? आगे बढ़ो तो सात साल की उम्र...बुर्क़ा पहना दिया गया...मैं गिर-गिर पड़ती थी...13 साल की उम्र सारे रिश्ते के भाइयों से मिलना बन्द...दुपट्टा सीने पर ढँकने का हुक्म...अहतिजाज...जंगल में दी गयी सदा....15 साल की उम्र...कॉलेज में दाख़िले के लिए भूख हड़ताल...19 साल की उम्र... यूनिवर्सिटी में दाख़िले के लिए वावैला 20 साल की उम्र...शादी ख़ुद करने पर

इसरार 20 साल की उम्र क्या आयी...शादी क्या हुई...सोच तो मेरी पहरेदार हो गयी। मश्वरागीर और अपने हीरो भी ऐसे लोग थे जो जेल जाते, शेर कहते, ग़रीबों की बात करते और फिर नौकरी ऐसी मिली कि देहात में काम...गोया ज़िन्दगी की अलौकिक चीज़ों का बुनियादी शऊर, ज़िन्दगी का ज़ायका ठहरा।

इस ज़ायके ने बहुत से ज़ायक़ों से दूर रखा ज़र, जवाहर, मल्बूसात, तड़क-भड़क, नुमाइश और क्षुधा, जिसे मैं अत्यधिक लालसा कहूँ तो और भी बात साफ़ हो जाये। मैंने कुछ लोगों के भरे और बढ़े हुए पेटों को खाने के सामने बिकते और भूख के मारे रालें टपकाते देखा है। ज़िन्दगी में मैं नामुराद और मुहब्बत से नाआशना लोगों को लड़की देखकर होश गँवाते और उसकी आँखों में आँखें डालकर हाले-दिल कहने की हसरत लिए तड़पते देखा है। कपड़ा पहने जिस्मों को इस आरज़ू में गरते देखा है कि काश ख़ुदा उन्हें एक से ज़्यादा जिस्म देते तो वो नित नये मल्बूसात पहनने के अरमान पूरे कर सकते। पैसे वालों को पैसा संभाल-संभाल कर रखते और चीथड़ों में घूमते हुए देखा है कि जब मौत आयी तो उन पर क़फन भी चन्दे का डाला गया और उनकी औलादें गिद्धों से ज़्यादा उनकी लाश पे क़ब्ज़ागीर होने को लड़े ताकि जो दफ़्न करने का फ़र्ज़ अदा करे वह काम करने की ख़ूबी का तमग़ा (लाहौल वला कुव्वत) पाये और जायदाद पर क़ब्ज़ा करे।

मगर शायद...इसका मतलब आत्म-विश्लेषण और ख़ुद नगरी से ज़्यादा...रद्दे-अमल था। जो कुछ सामने हो रहा था उससे परस्पर असम्बद्धता और नाराज़गी दिखाने के लिए इस सबसे इन्कार कि जो हो रहा था उसमें शामिल न होने का ऐलान यह भी तो हो सकता है कि अपने आप को फ़ैशन के तौर पर अलग कर के सोचना...मगर ये ही फ़ैशन क्यूँ ?...बाक़ी फ़ैशन क्यूँ नहीं?

इसकी दलील आसान और साफ़ भी है और नामालूम भी। पूरे ख़ानदान में अदीब या शाइर, एक फ़र्द ही होता है। सर्तक़द शाइर-ओ-अदीब के घराने में अदब का नाम भी मुतआरुफ़ नहीं होता है। यही अता कि ख़ूबसूरत शाइरी, ख़सलत ठहरी, वही अता, ज़िन्दगी को फ़क़ीरी और निस्पृहता का वह तोहफ़ा दे गयी कि तन्हाई में इसकी महक से मैं ख़ुद सरशार हो जाती हूँ। इसी फ़क़ीरी के बाइस, ज़िन्दगी और नौकरी में हर एक की आँखों में आँखें डालकर हौसले

से बात करने का सलीक़ा भी आया और अपने से कम आगाह लोगों की आतुरता कैफ़ीयत के बाइस, ख़ुदा का शुक्र कि ज़िन्दगी में रद्दे-अमल, ख़ुद को फ़रामोश कर के ज़ाहिर करना भी नहीं सीखा। मुस्तक़बिल को नोटों की गड्डियों में नहीं। हर्फ़ों के उन क़रीनों में तलाश किया कि जो आइंदा नस्लों के लिए भी गवाही बन सकें।

मगर यह भी ख़याल ख़ाम था कि न औरत खुल के बात करती थी न मर्द औरत को जिंस के अलावा कुछ समझता था। हुआ क्या? हैरत को हैरत रहने दिया जाये तो फिर भी फ़ितरत की मासूमियत ज़ाहिर होती है मगर जब हैरत को झूठ का पैरहन दिया जाये तो फिर अपने बचाव के लिए दुनिया कहने को फ़साने ही माँगती है। "उसका फ़ोन आया था और वह बहुत ख़याल कर रहा था। उसके साथ बैठी थी। उसके साथ खड़ी थी।"

नौकरी में किसी ने कहा चपरासी से अफ़सर बन गयी है। अफ़सरों ने कहा अक्खड़ है, यक़ीनन इसकी कहीं बड़ी पहुँच है। अख़बारों ने जो चाहा लिखा। इसीलिए न साथ बैठकर होटलों में छिप छिपाकर उनके साथ शामें बसर कीं और न उनकी कच्ची-कच्ची तहरीरों की तारीफें कीं। ख़राब तो हुई?...बुरी औरत...।

ख़राब होने की पुष्टि दुश्मन तो क्या दोस्त भी करते हैं। ज़रा किसी की बीवी ने पूछा कि आख़िर सारा दिन ग़ायब कहाँ रहते हो। घर के काम काज का कुछ ख़याल भी है और ये जो बच्चे रात की ग़लतियों से पैदा हो रहे हैं वे तुम्हारे हैं तो बस उस बेचारी को मुँह खुलते ही ताना "बहुत ज़बान चल गयी...लगता है तुम...फ़ुलाँ से आजकल मिल रही हो। ख़बरदार उससे ज़्यादा मत मिला करो।" कमाल की बात यह है कि अपनी बीवी से यह फ़िक़रा कहकर, दूसरे हल्ले में वह मेरे पास इस तारीफ़ के साथ "क्या नर औरत हो। बड़े-बड़ों के दाँत खट्टे कर देती हो। मेरी तो तुम आइडियल हो।" ख़ुदा के करम का इधर और उधर दोनों तरफ़ ज़हूर देख कर दिल ही दिल में हँसना। एक दोस्त कि जो औरत की मज़्लूमियत पे कहानियाँ लिखकर बहुत इंक़लाबी मशहूर हुआ। उसकी बीवी कहीं आ जा नहीं सकती थी, कहीं जाये तो किसी को साथ ले कर जाये, वर्ना घर से न निकले, पूछताछ करो तो जवाब कि मैं तो कुछ भी नहीं कहता मेरे अब्बा जी को बुरा लगता है एक और दोस्त कि

औरत की मज़्लूमियत पे कॉलमों में आँसू बहा बहा कर राशिद-उल-ख़ैरी बने हुए हैं। अपनी ही बीवी की नौकरी का मसला आया तो अटवांटी-खटवांटी ले ली कि अब तुम दफ़्तर जाओगी तो मैं छुट्टी लिए लेता हूँ। आख़िर बच्चों का क्या बनेगा। वह ख़ुद जब घर से दिन रात ग़ायब हों उस वक़्त बच्चों की ख़बर का ख़ुदा हाफ़िज़। हाँ बीवी कमाने जाये और काम करे तो फिर घर, इज़्ज़त, ज़माना, रुसवाई और नौकरी पेशा औरतों की बदनामियाँ, सब सर उठा लेती हैं।

क्या तुम फ़ुलाँ फंक्शन में जा रही हो। मुझे लेती जाना। अच्छा ठीक है। तैयार रहना। उनके घर पहुँचो। चेहरे पे ग़ुस्से से भरी हँसी लिए सामने बीवी साहिबा हैं। कहाँ-कहाँ लिए घूमती हो मेरे मियाँ को। तुम्हें तो औरतें ही अच्छी नहीं लगती। वर्ना जी तो हमारा भी करता है बाहर जायें। मियाँ हैं कि शर्माये जा रहे हैं, खिलखिलाये जा रहे हैं। यह नहीं कहते मैंने ख़ुद फ़ोन कर के बुलाया है। आप जवाबन हँस रही हैं। अन्दर से जी जल रहा है मगर कुछ नहीं कह सकती वे जिसे मुँहफट कहते हैं वो लालोका, हँस रही है, सुन रही है जानवरों में ज़िन्दा रहने वाली लालोका और क्या करे?

क़िस्सा मीरा की दासी का

फ़्रायड के बाद सबसे मशहूर मनोवैज्ञानिक बी एफ़ स्कनर ने आज़ादी और शोहरत दोनों को मृगतृष्णा कह कर रद्द कर दिया था। इसी ज़हनी सिलसिले को फ़ोटोग्राफ़र रिचर्ड ओवेडॉन की ख़ुदनविश "सराबों के तहलील" होने का नाम देती है। किसी ने एक दफ़ा मेरे शेरों पर तब्सिरा करते हुए कहा था : किश्वर नाहीद की शाइरी में इश्क़ मरता जा रहा है। "मैं सोचने लगी। वह संवरता, लजाता इश्क़ जिस से दाँतों में दुपट्टे को बल देना शामिल हो वह मेरे पास से नहीं गुज़रा। मेरी सारी शुरुआती शाइरी में रिवायती इश्क़ है और रिवायती शाइरी के लिए इश्क़ करना ज़रूरी नहीं। उस रिवायती शाइरी में बस एक वज़ूद जो मेरा बाज़ू पकड़कर चला है वह औरत का वज़ूद है। उसका अहसास है और उसकी आवाज़ है। मेरी इब्तदाई शाइरी जिस को इश्क़िया शाइरी भी कह सकते हैं वह सारी कॉलेज के ज़माने की थी। शुक्र है मैंने ख़ुद वह ज़ाया कर दी वर्ना अगले ज़माने के नक़्क़ाद उसको मेरी तस्वीर बना पेश करते।

बचपन में बुलन्दशहर में, नौचन्दी के मुशाअरे में और अलीगढ़ में अम्माँ की गोद में चिक़ के पीछे बैठे, रात गये तक बहुत मुशाअरे सुने थे। हम बहन भाइयों को इजाज़त थी तो वह बैतबाज़ी की। बैतबाज़ी का तो यह हाल था कि लहरिया दुपट्टे रंगते, रंगे दुपट्टे ढकने से और हाथों से चुनते, सैवय्याँ तोड़ते। सैवय्याँ सिखाते, दुपट्टे, सिखाते, सब्ज़ी बनाते, आटा गूँधते, पलंग बुनते, निवाड़ कसते, गोया हर आलम में बहन-भाइयों के दर्मियान बैतबाज़ी का सिलसिला जारी रहता। कमाल बात यह थी कि क़दीम या क्लासिकी शाइरों का कलाम कम और नये शाइरों का कलाम ज़्यादा होता। ये कलाम दो जगहों से मिलता। एक तो अलीगढ़ से आने वाले सारे नौजवान मजाज़, शकील,

जगन्नाथ आज़ाद, जिगर और हफ़ीज़ के अन्दाज़ में शेर लहक-लहक कर पढ़ते और ख़ासकर अहसान दानिश की नज़्में लड़कियों को याद कराते फिरते कि "बीते हुए कुछ दिन ऐसे हैं। तन्हाई जिन्हें दोहराती है। ऐ वहशते -दिल क्या करूँ" या मज़दूर की बेटी की रुख़्सत" या मजाज़ की नज़्म "ऐ ग़मे-दिल क्या करूँ, ऐ वहशते-दिल क्या करूँ" या फिर मेरठ, अलीगढ़ और बुलन्दशहर की नुमाइशों के मौके पर मुशाअरों में पढ़ी गयी सब चीज़ें, हर लड़की की कॉपी में और होंठों पे उसी तरन्नुम के साथ महफ़ूज़ होती थीं। तरन्नुम से शेर पढ़ना और वह भी घर में या फिर मुस्लिम लीग के जनाना जल्सों में, बुरी बात नहीं समझी जाती थी।

हाँ, औरत शेर कहे और औरत बनकर सोचे, यह तो वह ऐब था जो किसी ने नहीं किया था।

मैं अपने वक़्त से पहले संजीदा होकर ऐसा क्यूँ सोचने लगी और मेरी शाइरी में क्लासीकियत का मूल तत्व छाया हुआ क्यूँ रहा? इसका ख़ुद जायज़ा लूँ तो मेरे इर्द-गिर्द उन बुज़ुर्गों का हाला नज़र आता है जो उम्र में मुझ से 30 साल से कम बड़े न थे। मैं उनकी छाँव में दोस्तों की तरह बड़ी हुई। उन का शेर समझने, कहने, लफ़्ज़ बरतने और बड़ों का अदब करने का रवैया, ज़बान की तारीख़ो तहज़ीब से आशनाई और फ़िक्र में गहराई, ये सब उनकी देन है। बहुत से बुज़ुर्ग तो ऐसे थे कि जब मैं ढाका गयी तो एक बुज़ुर्ग ने मुझे देख कर फ़ौरन कहा "देखिये सच बताइये शेर किस के होते हैं कि इस उम्र में ज़बान इस कदर अपना रंग नहीं दिखाती है।" मैं एक दफ़ा रेडियो के मुशाअरे में ग़ज़ल पढ़ रही थी कि एक बुज़ुर्ग शाइर ने शाबाश देते हुए एक शेर को कई मर्तबा सुना। मैं जब भी उनके घर किसी शेर या लफ़्ज़ को समझने के लिए गयी तो उन्होंने उस दिन को बड़ी ख़ुशी से ताबीर किया। एक बुज़ुर्ग थे उनसे भी किसी लफ़्ज़ को शेर में बरतने की मिसाल माँगी, उन्होंने एक तरफ़ हज़ारों दुआयें दीं और दूसरी तरफ़ उर्दू, फ़ारसी, अरबी और हिन्दी के अशआर के ज़रिये उस लफ़्ज़ की व्यापकता और अर्थ विस्तार का इहाता कर के दिखा दिया। एक और बुज़ुर्ग थे उनसे फ़ारसी पढ़ने को जी चाहा तो एक एक-शेर की तफ़्सीर में महीने गुज़र गये। फ़ल्सफ़ा इल्म कलाम ज़िन्दगी और शेर की पैरहन थे कि ख़त्म न होते थे।

उस ज़माने में रेडियो और टीवी से भी ऐसे हुनरमन्द, माहिर साहित्यकार जुड़े थे कि कोई तहरीर भेजते हुए डर लगता था। अगर चीज़ अच्छी होती तो बहुत प्यार और दुआयें मिलतीं। दूसरों के सामने फ़ख़्रिया तज़्किरा मिलता और हमारी हौसला अफ़ज़ाई होती। अगर चीज़ ज़रा भी मेयार से कमतर होती तो वह डाँट पड़ती कि अगले-पिछले याद आ जाते। यह भी सुनना पड़ता कि "तेरी तै अगलियाँ पिछलियाँ नैसाँ स्कूलों वापस लियानियाँ पैन घिसियाँ।" यह भी सुनना पड़ता कि क्या इस दिन के लिए तुम्हें पढ़ाया था कि इतने बुरे शेर या इतना ग़लत गद्य लिखो। हम्द और नात में फ़र्क़ मुझे ऐसे ही मेहरबान उस्ताद ने सिखाया। ग़ज़ल के क़ाफ़ियों की पाबन्दियों की बारीकियों और आज़ादियों को परिचित कराया। ज़बान में लचक को बरतने का हौसला करने की हिम्मत बंधाई और लेखन में शैली का वैशिष्ठय सिखाने को बताया कि किन हमअस्त्रों और क्लासीकी-मुल्की और ग़ैर से मुल्की अदीबों को पढ़ना चाहिए। बल्कि स्कूल होमवर्क की तरह, उनके सबक़ तज्ज़ियाती तौर पर पढ़ने को दिये। लम्बी नज़्म लिखने का मश्वरा दिया, बल्कि कई दफ़ा तो कमरे में बन्द कर के लिखने और फिर बाहर आने की बंदिश लगायी। रेडियो पे बोलने का हुनर सिखाया। लफ़्ज़ों की अदायगी की बुनियाद तो माँ ने क़िरअत सिखाकर रख दी थी। उसको तहज़ीब आशना रेडियो की उन "सुनहरी आवाज़ों" ने किया कि जिनको हर्फ़ बरतने का सलीक़ा आता था।

एक और ख़ुलासा कि सबब क्या था? कि मुझ से 40 साल बड़े लोगों के साथ एक माहौल, दोस्ती और क़राबत के रिश्ते बने? अब सोचें तो सबब यह था कि अपने हमउम्रों में से अभी किसी की शादी नहीं हुई थी। शाइरों और अदीबों से दोस्ती न थी। सिर्फ़ चंद से चेहरा शनासी थी। लड़कियाँ मेरी उम्र की अभी फ़ाइनल ईयर में थीं और मेरे शौहर की उम्र के लड़के अभी रोज़गार की तलाश में सरगर्दा थे। मैं कॉलेज के ज़माने में जिस जगह रहती थी वहाँ उस्ताद बुज़ुर्ग सूफ़ी साहब के हवाले से शहर क्या मुल्क के सारे बुज़ुर्गों से वास्ता पड़ा। मुलाक़ात हुई शेर सुने, शेर पे बहसें सुनीं, इल्मी और तहज़ीबी लाहौर के नक़्शे बने। उन शख़्सियतों से मुलाक़ातें हुईं कि जो अब तारीख़ का हिस्सा हैं और फिर सिल्सिला हम तरफ़ चला कि जैसे-जैसे शेरो-अदब में शिनाख़्त होने लगी वैसे-वैसे हमउम्रों से ताल्लुक़ बना और फिर एक ऐसा ज़माना भी आया कि बुज़ुर्गों ने लाताल्लुक़ी और निगाहें फेर लेने के ताने भी दिये।

मैं तो चेकोस्लयोकीन शाइर सैफ़र्ट की तरह कहती हूँ और याद रखती हूँ।
मेरे पास एक खिड़की है।
उस में बहार का एक ख़ूबसूरत दिन लहकता रहता है।
मेरे पास एक कुत्ता है।
जिस की आँखों में इन्सानियत है।
और मेरे पास एक नीली नोट बुक है।
जिस में लोगों के ख़ूबसूरत नाम महफ़ूज़ हैं।

इसका सबब क्या था? वही जो ज़िन्दगी में हर शख़्स को दरपेश होता है। ज़िन्दगी में जो लोग दोस्त होते हैं। वे इतने क़रीब और अज़ीज़ होते हैं कि दूसरे लोग अजनबी और नाआशना, बल्कि फ़ासले पे नज़र आते हैं। फिर चार-पाँच साल के फेर में जायज़ा लो तो फिर माहौल बदला होता है। दोस्तों के सिल्सिले में नये नाम, नये चेहरे और नया माहौल आप को घेर लेता है। लोग वही रहते हैं, वहीं रहते हैं आप बदल जाते हैं, मिज़ाज बदल जाते हैं और यूँ कुर्ब की फ़स्ल, फ़ासले की ख़िज़ाँ में ढल जाती है। हाँ नौउम्री में अदीब फ़ाज़िल का कोर्स पढ़ने के बाइस शाइरी और अदब की मुस्तहकम रिवायत मिज़ाज बन गयी थी।

मुझे किताबें पढ़ने को नहीं दी गयी जहाँ से भी और जब भी किताबें मिलीं, मैंने उन्हें भूख की तरह इस्तेमाल किया। ऐना अख़्मातोवा के सिरहाने तो हर वक़्त पुश्किन, बाइबल, शेक्स्पियर और दोस्तोव्हस्की होते थे। मैं तो अपने सिरहाने अदबी किताबें भी कोर्स की किताब में छिपा कर, पढ़ती थी।

इसलिए अक्सर अफ़सोस करती हूँ कि मैंने नसीम हिजाज़ी को नहीं पढ़ा या तीर्थराम फ़ीरोज़पुरी को नहीं पढ़ा और अपने ज़माने के बहुत मक़बूल नॉविलनिगारों को पढ़ने के लिए वक़्त नहीं निकाल सकी। हाँ, बच्चे पैदा कर के भी इब्लीस की मजलिसे शूरी और कुर्तुल एन ताहिरा का कलाम शिष्टता के साथ थोड़ा-थोड़ा कर के पढ़ा और सुकून मिला।

बुजुर्गों ही के मेहरबानी से मैंने बहुत-सी आज की सीनियर गानेवालियों के मुजरे देखे। पुराने ज़माने में मुजरे ये नहीं होते थे कि लोगों को छेड़ा जाये या बेहूदगी की जाये। गाने वाली को रक़म की अदायगी पहले कर दी जाती

थी। अब फ़र्श या चाँदनी पर तमाम मेहमान बैठ जाते थे और जैसे-जैसे शब भीगती जाती, गायिका की आवाज़ का निखार, क्लासीकी शाइरों के अलग-अलग कलाम के चिराग़ रोशन करती चली जाती। सुबह अज़ान होते हुए, यह नशिस्त ख़त्म होने को पहुँचती। पाये और निहारी खाये जाते और यहीं से घरों और कभी-कभी दफ़्तरों के लिए रवानगी हो जाती।

शाही मुहल्ले में दोपहर के वक़्त जाना और गाना सुनना, उन ही बुज़ुर्गों की वज़ह से नसीब हुआ। यह बिल्कुल अलग और अनोखी तहज़ीब थी। यह अलग बात कि उस इलाक़े से मुझे बहुत डराया गया था। दिन में कई दफ़ा जाने के बावजूद शाम के वक़्त लेकर जाने के लिए कोई भी तैयार न था (यह क़िस्सा फिर सही कि शाम का माहौल क्या था)।

बुज़ुर्गों के घरों में मौजूद किताबों और डिक्शनरियों की देखा-देखी में, मैंने भी अपनी लाइब्रेरी बनायी यह अलग बात कि बाद में बहुत से इदारों की बाक़ायदा लाइब्रेरियों को चलाते हुए मुझे किताबें कैटलॉग करने और सब्जेक्ट के मुताबिक़ तर्तीब देने का सलीक़ा आ गया था।

बुज़ुर्गों के घरों पर नशिस्तों और उनकी गुफ़्तगू से इल्म हासिल करने की कोशिशों में उन इदारों का भी बहुत दख़ल है जिनकी साप्ताहिक नशिस्तें हुआ करती थीं। चाहे वो नशिस्तें, निस्बत रोड पर हों कि वाई.एम.सी.ए. में। अभी यह भी इल्म न था कि इन दो इदारों के नज़रियात परस्पर विरोधी हैं। शख़्सियतों का सिल्सिला भी इसी तरह था। हर वह अदीब जो मुझसे उम्र में बड़ा था। मैं उससे इल्म हासिल करने की मुतमन्नी रहती। मैं तो बन्द घर की डरी हुई एक चिड़िया थी। पढ़ने का इस क़दर शौक़ था कि जिस काग़ज़ की पुड़िया में घर का सौदा आता था, मुझे वह काग़ज़ पढ़ना भी अच्छा लगता था। बिल्कुल इस तरह कि हँडिया पकाते-पकाते, दफ़्तर में फ़ाइल निमटाते-निमटाते, ताँगे या बस में घर को लौटते हुए, जो अभी मिस्रा हुआ, शेर हुआ, नज़्म का उन्वान या बंद लिखा गया, बस लिख लिया। इसके बाद जब तक लिखने की फ़ुर्सत न मिली, दिमाग़ उसी मिस्रे की महक से मुअत्तर रहा। ज़हन उसी काविश में घिरा रहा। हाथ दूसरे काम, रोटी पकाने, बर्तन धोने, कपड़े धोने, पोचा मारने, बस सारे धन्धे निपटाने में बसर होते। दोपहर जो घड़ी भी सब की नज़रों और घर के कामों से बचती, फ़ौरन काग़ज़ निकाला और लिखना शुरू कर दिया। इसलिए मेरी ज़्यादातर नज़्में, ग़ज़लें एक ही नशिस्त की हैं।

मेरी पहली दो किताबों में सीनियर हमअस्त्र शाइरों की अनुगूँज बहुत मिलती है। ख़ास कर नज़्मों में तो मैं कोशिश के बावजूद राशिद साहब और मुख़्तार सिद्दीक़ी साहब के असर से बहुत कम निकल सकी थी। हरचन्द इन नज़्मों में मौज़ूं मेरे अपने अन्दाज़ का था। अलबत्ता शैली में इन दो हज़रात की झलक नुमायाँ नज़र आती है। मगर नज़्म के लिए मेरा हौसला बढ़ाया भी इन दोनों हज़रात ने ही था। मेरी नज़्म का एक बंद मुख़्तार साहब ने अपनी डायरी में शायद मेरी हौसला अफ़ज़ाई के लिए लिख भी लिया था। मेरे ही हमअस्त्रों ने उस पर काफ़ी हाशिया आराई की कोशिश की। मगर यह कौन-सी अनोखी बात है। "बला कुशाने-मुहब्बत पे जो हुआ सो हुआ।"

पढ़े-लिखे लोगों और हमअस्त्र दोस्तों से वन टू वन मुलाक़ात नहीं थी कि सब जगह हम दोनों इकट्ठे जाते थे और मुलाक़ात भी इकट्ठे ही होती थी। दफ़्तरी माहौल और मसरूफ़ियात में कम ही वक़्त मिलता था कि अदबी बहसें शुरू की जायें और उन पर बात की जाये इक्का-दुक्का दोस्तों से किताबों के हवाले और रहनुमाई मिली, वर्ना दुकानों पर जाकर किताबें ख़रीद लेती। लाइब्रेरी से किताब लेकर पढ़ लेती या फिर अंग्रेज़ी के बाहर के पर्चों के रिव्यू के जरीये किताबों और इनाम याफ़्तगान से शनासाई हासिल कर लेती। फिर भी मैंने बहुत कम पढ़ा है। मेरा इल्म बहुत कम है और मुझे इसका अहसास भी है। सिर्फ़ एक तस्कीन है कि बचपन की पढ़ी फ़ारसी और बाद में उस्तादों की रहनुमाई के बाइस मैंने फ़ारसी शाइरों को जिस तरह पढ़ा बाद उसके आधुनिक फ़ारसी शाइरों के दीवान इकट्ठा करके, ज़बान और लहजे को समझने की कोशिश की। इस बाइस ग़ज़ल की शेरी रिवायत को किसी हद तक निभा सकी।

शाइरी और दूसरे फ़न को हमआवाज़ करने का सलीक़ा भी मुझे अपने उस्ताद बुज़ुर्गों की रिवायत के तसल्सुल में मिला है। इसलिए मेरे दोस्तों के हलक़े में गाने वाले, मुसव्विर, फ़िल्म के लोग, थियेटर और डांस के माहिर और मज़ाक़े-सुख़न रखने वाले वे सब लोग भी शामिल हैं जिन्होंने हमेशा खद्दर पहना, देहातों में काम किया, दरवेशी की वह रस्म इख़्तियार की जिस में जल्वानुमाई, रुस्वाई होती है।

मैंने दूसरी ज़बानों के इल्मो-अदब का भी बहुत तर्जुमा किया। सबसे पहले तो बच्चों की नज़्मों और कहानियों का तर्जुमा एक रुपया प्रति पृष्ठ के हिसाब से किया। एक दौर में किताबें कुछ पैसे कमाने के लिए तर्जुमा कीं। पैसे कमाने का ख़्वाब पूरा न हुआ कि तर्जुमा कराने वाले उस के बाद नज़र ही नहीं आये। अपने तौर पर अदब को तर्जुमा करने की तरफ़ मैं ख़ुद अपनी नज़्मों की किताब सम्पादित करने के बाद तवज्जो देने लगी। पाउंड ने कहा था तर्जुमे के जरिये आप अपनी ज़बान के उतार-चढ़ाव से भी आगाह होते हैं तर्जुमा करते हुए मुझे तो ट्रान्स क्रिएशन के अमल से गुज़रना पड़ता है। गद्य और पद्य दोनों सतहों पर बहुत तर्जुमे किये और अपने इदाराती दौर में बहुत से अदीबों को जदीद ग़ैर-मुल्की लेखकों को तर्जुमा करने पर क़ायल किया।

मार्शल लॉ के दौर में जब कि हर्फ़ भी ज़ंजीर पहने हुए थे। हम लोगों के पास तर्जुमा करने के सिवा कोई चारा ही नहीं था। फ़िलीस्तीनी अदीबों के ग़ुस्से और अफ़्रीक़ी अदीबों की ललकार को अपने हर्फ़ पहनाकर यह मुत्मईन होते कि कुछ तो पैग़ाम लोगों तक पहुँचाया है, मसलन "हब्स के आलम में परिन्दे भी मर जाते हैं।" यह हदीस थी मगर जब तक इस पर "हदीस" नहीं लिखा। शाए न हो सकी। सेन्सर वालों ने तो क़ुरानी आयात भी सैंसर की मज़ामीन सैंसर किये, नाम सैंसर किये।

इसी मार्शल लॉ के दौर में पाकिस्तानी अदीबों समेत मेरी नज़्में भी अंग्रेज़ी-ओ-दीगर ज़बानों में तर्जुमा हुईं कनाडा में तर्जुमा करने वाले को कोलम्बिया यूनिवर्सिटी से इनाम मिला और लन्दन में तर्जुमा करने वाली ख़ातून को वीमन प्रेस ने किताब शाए करने की दावत दी।

इसी ज़माने में विदेशी सफ़र के दौरान बहुत से अहम अदीबों से मुलाक़ातें हुई और उन का यूँ पाकिस्तानी अदब से तआरुफ़ हुआ। बल्कि कई जगह तो पाकिस्तान से तआरुफ़ का भी यही पहला मौक़ा निकला कि तमाम दुनिया की लाइब्रेरियों में हिन्दुस्तान-पाकिस्तान के हिस्से में, हिन्दी का अदब मिल जाता था। मगर उर्दू के सेक्शन में ख़ाल-ख़ाल ही काम की किताब नज़र आती है।

हर विदेशी सफ़र के दौरान बताना पड़ता था कि हम लोग पत्थर के ज़माने में ज़िन्दा नहीं हैं। उस ज़माने में चादर और चारदीवारी की बहुत चर्चा की गयी थी। सारे दूतावास के लोग भी उसी प्रोपेगैंडे में शामिल थे। विदेशियों

को अपने मुल्क की औरत की अदब और ज़िन्दगी में जद्दोजहद का अहवाल समझाना, बहुत सब्र आज़मा मरहला होता है कि वे तो हमेशा यही समझते हैं कि हम बस घरों में बैठी जाहिल औरतें हैं।

हलका याराँ के हज़ार रंगों ने मुझे बहुत से मंज़र और मेरी शाइरी के तजुर्बों को बहुत से ऐसे रास्तों से शनासा किया जो ग़ालिब के अन्दाज़ में आने वाले कल के लोग समझ सकेंगे। अपने तजुर्बों और चश्मदीद मगर बिन कहे मंज़रों को हर्फ़ देते हुए मेरे जिस्मो-जाँ की मिट्टी कितनी मर्तबा तिड़ख़ी और क्या कुछ न सुना कि डायरी को शाइरी बना देने से बड़ा अदब पैदा नहीं होता। "भई मुझे क्या बड़े अदब से या तुमने कैसे समझ लिया कि तुम्हारी सनद बड़े अदब की दलील बनेगी। कल के तुर्रम ख़ाँ, आज पत्रकारों में भी नज़र नहीं आते हैं। ख़ुद भी कुछ लिखो, सिर्फ़ लोगों का फुलका उड़ा देने से तो तोप नहीं चल जाती है। एक अदीब 35 बरस से तोप पर बैठे किताबों के गोले दाग़े जा रहे हैं। जो उनको नहीं मानता वह अदब की फेहरिस्त से, उन की तहरीर के ज़रिये ख़ारिज कर दिया जाता है।"

अजीब और ख़ुशी की बात यह है कि 1960 से लेकर अब तक देश और विदेशों में जिस तरह सैम्यून से लेकर एरिका जूंग और टोनी मॉरिसन ने अदब की बिसात पे रंग जमाया। अदब के मज़ामीन में औरत-मर्द के रिश्तों की तहों को उजागर किया। घर की इकाई की एकता और मर्द की मिजाज़ियत को चैलेंज किया और मुल्क में औरत के बदन का हाल औरत ने जिस तरह ख़ुद तहरीर किया, उस पर जितनी अँगुलियाँ उठाई गयीं, मगर जादू वाह है जो सर चढ़कर बोले। औरतों की तहरीरों ने पूरे अदब का मंज़रनामा बदलकर रख दिया, वर्ना लड़कियों का मुक़द्दर, उनके हवाले से नफ़्सियाती गुत्थियाँ और शाइरी के हवाले से "जहाँ रेहाना रहती थी" या "मिरे हमदम मेरे दोस्त" तक बयान की राह पाती थी। इंक़लाब, शाइरी, ज़िन्दगी, रिश्ते और परस्पर विरोधी इन सारे ज़ायक़ों को शाइरी की दुधारे तक लाने में ख़वातीन लिखने वालियों का दृढ़ संकल्प काम आया है। पाकिस्तान में भी बेशतर मंज़रनामा ख़वातीन लिखने वालियों की तहरीरों से मुतासिर होकर अपनी आन-बान में इन्सानी रिश्तों की दास्तान फ़िरोज़ां कर सका है।

वैसे अदीबों के रवैये अपनी जगह, किसी से पूछो फ़ुलाँ ख़ातून की कहानी सुनी? जवाब मिलेगा कहानी कहाँ। हम तो उस की "लो नेक" देखने गये थे। किसी से पूछो "फलाँ की नज़्म सुनी" जवाब मिलेगा "नज़्म का तो पता नहीं, उसकी स्लीव लैस बाँहें अच्छी लगती हैं।" किसी से पूछो फलाँ का मज़्मून सुना जवाब मिलेगा "भाड़ में गया मज़्मून हमें तो यह अच्छा लगता है कि उसे वापस छोड़ने जायें। रस्ते भर मुस्कुराती रहती है, शर्माती बहुत है मुझसे। यक़ीनन बात समझती है।" सवाल "यह किसी की बीवी नहीं" जवाब "हाँ होगी, मगर अच्छी होती तो घर से ही क्यूँ निकलती?"

अदब सराय के बहुत से मुसाफ़िर देखे और बहुतों से कुछ न कुछ सीखा किसी से बोलने में शिष्टता की फबन, किसी से गुफ़्तगू में तनतना, किसी से अल्फ़ाज़ की अदायगी में सादगी और बेसाख़्तापन, किसी से क्लासिक को पढ़ते रहने का गुर, किसी से हर्फ़ के हज़ारों जलवों को तन्हाई में देखने का हुनर, किसी से ख़ामोशी की निश्छलता और किसी से धीमेपन का तेज़...यह तो अपने बड़ों से सीखा।

अपने से छोटों ने भी मुझे बताया, एतमाद का प्याला भरती जाओ हमेशा खाली मिलेगा। उन्होंने समझाया, अदीबों को दोस्तों में शुमार मत करो। उनके फ़न को समझो। उनके क़रीब मत हो, वर्ना फ़न धुँधला जायेगा। उन्होंने जताया, किसी के साथ नेकी सिले के लिए मत करो, बल्कि जवाबन दुश्मनी की तवक़्क़ौ रखो।

मगर मुसीबत यह है कि अपनी आँखें बन्द करने के लिए अपने ही हाथ नहीं पहुँच पाते हैं। किसी ताल्लुक़ की अलगनी पे तो रिश्तों को टाँगना होता ही है। हर नज़्म या ग़ज़ल लिखने के बाद, मैंने घर में दिखायी, जब कि जी करता है शेयर करने को। हर नज़्म और हर ग़ज़ल पे घर के किसी न किसी वाक़ए का अक्स बताकर के उसको न छपने योग्य करार दे दिया जाता था। मैं इतनी बददिल हुई कि फिर मैंने वही अपनी माँ के घर वाला रवैया अपना लिया। ग़ज़लें लिखनी उस वक़्त शुरू की जब कोई नहीं देख रहा हो और रख लें छिपा कर दफ़्तर की दराज़ में। बस जब किताब शाए हुई तो सब लोगों की तरह घर वाले भी किताब की सारी नज़्में, ग़ज़लें पढ़ रहे होते।

हर किताब को मुरत्तब करते हुए मैं बीमार हो गयी। वे सारे लम्हे जो नज़्मों की शक्ल में अलग-अलग मौक़े पर वारिद होते रहे। जब उनको इकट्ठा कर के परखना भी पड़े तो घाटे का अहसास उल्टा लटकाने को आन धमकता है। बस यही मेरी डॉक्टर और मेरे दर्मियान बातचीत रही है। बेचारी डॉक्टरों ने बदन का इल्म पढ़कर सनद ली होती है। दिमाग़ का इल्म उनके बस की बात नहीं होती है।

नज़्म की तख़्लीक़ मेरे लिए वक़्ते-सुकून का लम्हा और अज़ाब की दहलीज़ होती थी। मुझे नज़्म लिखते हुए इतने इम्तिहान और पीड़ा से गुज़रना पड़ता था कि हर लफ़्ज़ मेरे वजूद का टैक्स लेकर ख़ुद को उजागर करता था। नज़्म लिखने के बाद नहाई हुई तरोताज़ा हल्की-फुलकी, कई रातों की नींद जैसे पूरी हो गयी। कई दिनों की भूख जैसे मिट गयी हर किताब को सम्पादित करना, बच्चे की पैदाइश जैसा मरहला लगता रहा है।

मेरे अहसास और मेरी तर्बीयत में सियासी अमल और सियासी नुक़्ता-ए-नज़र उजागर क्यूँ है। इसका सबब वह ज़माना है जिसमें मैंने चीज़ों के नाम लेने सीखे। हम गुल्ली-डण्डा खेलते थे कि मुझसे बड़ा और मुझसे छोटा भी भाई था, इसलिए लड़कों के खेल ही मैं खेलती थी। मैंने बचपन में कभी गुड़िया नहीं खेली। पर वही डंडा जो गुल्ली को मारने के लिए इस्तेमाल होता था वह हमारा झण्डा बनता था और हम सारे बच्चे नारे लगाते, जुलूस निकालते, जलसा करते थे।

उसके बाद तो सियासी मुसीबतों का यह सिल्सिला बन गया। जिस तरह पाकिस्तान आये तो कोरियन बूम में ग़ैर-मुल्की चीज़ें पाकिस्तान आना शुरू हुईं। स्वेज़ नहर पर हमला हुआ, हम कॉलेज की लड़कियों का जुलूस निकालना, नासिर के इस्तीफ़े पे रोना और नज़्में लिखनी, थैंक यू अमेरिका और पी एल 480 के ख़िलाफ़ जलसा जुलूस, वियतनाम, चीन का कल्चरल रेवोल्यूशन और सबसे दुखद हादसा पश्चिमी पाकिस्तान के ज़वाल और उस के बाद...ज़िन्दगी ने वह दिखाया जो दौरे-जाहिलियत के बड़ों ने भी न देखा होगा। कोड़े, फाँसियाँ, सज़ायें, सैंसरशिप, पाबन्दियाँ और हमारी बिरादरी का साहस कि 14 अप्रैल को भुट्टो को फाँसी दी जाती है और 10 अप्रैल को बेशतर मोतबर नाम भी इस बेरहम शासक की बुलायी हुई अदीबों की कॉंफ्रेंस

में शामिल थे। हम लोग हर्फ़ के एतबार की क्या क़सम खा सकते हैं। हम तो अपने किरदार की क़सम नहीं खा सकते।

बहरहाल ये सारी गुज़रान मेरे लहू में ज़हर बन कर तैर रही है। मेरे वतन में तो औरत के साथ मर्द भी बहुत पीड़ित हैं कि सारे मुल्क की 87 फ़ीसद ज़मीन पर सिर्फ़ 13 फ़ीसद लोगों का वडेरों के नाम पर क़ब्ज़ा है। मेरे मुल्क के अनाज उगाने वाले सारा ज़र अदल-बदल कर लाने वाले तो चार सदियों पुराने माहौल में सड़ते हैं। और उनके भलाइयों का सौदा करने वाले असेम्बलियों और एयरकंडीशंड घरों में ऐशो-आराम लूटते हैं। मेरे मुल्क में औरत का कोई नाम नहीं है वह तो ख़ुद से वाबस्ता रिश्तों के ज़रिये शिनाख़्त पाती है वह बहन है, बीवी है, माँ है, बेटी है मगर क्या वह ख़ुद भी कुछ है!

हर किताब की इशाअत के बाद, ख़ासकर औरत के मौज़ू पर किताबों की इशाअत के बाद, बुर्क़े में लिपटी औरतें मुझसे बातें करने और मश्विरे करने आती रही हैं। नौजवान बच्चे, अपनी शादियों और करियर के फ़ैसलों में मुझे शरीक कर के, इज़्ज़त बख़्शते रहे हैं। मगर यह भी हुआ कि मेरी कई नज़्मों, मिसाल के तौर पर "फेयरवेल टू यूटरस", पर बहुत-सी कॉलेज की प्रोफ़ेसर ख़वातीन ने तंक़ीद की और बेशर्मी क़रार दिया। इन सबसे जिस किसी ने पूछा "आपने सिर्फ़ उन्वान पढ़ा है कि नज़्म भी पढ़ी है" जवाब मिला उन्वान पढ़ने के बाद आगे पढ़ने की हिम्मत ही नहीं हुई। बिल्कुल इस तरह जैसे आज तक टेढ़ी लकीर और लिहाफ़ पढ़ते हुए लोग शर्माते हैं। बिल्कुल उस तरह जैसे अमृता प्रीतम या कमला दास या एरिका लूंग को अश्लीलता की कोठरी के क़रीब खड़ा कर देते हैं।

मुझे शौक़ है अपने मुल्क की सारी ज़बानों का अदब पढ़ने का और मुझे मौक़ा भी मिला कि मैं उन इलाक़ों की रिवायात को क़रीब से देखूँ। इसलिए शाह लतीफ़ को याद करने का मौक़ा हो कि सुलतान बाहों को। यह इज़्ज़त मिलती है कि मैं स्तुति करने वालों में शामिल होती हूँ। उन शाइरों की तहरीरों की आँच की तलब, मुझे उनकी पैरवी पे माइल रखती है कि उन अदीबों ने हर सच औरत के मुँह से कहलवाया है कि उन्होंने हमेशा शासकों को ललकारा है। अपने ज़माने की सत्ता को ऐना अख़मातोवा ने जिस तरह चैलेंज किया था। उसका तो कोई जवाब ही नहीं। उसके बेटे को उसकी शाइरी के बाइस क़ैद

की अज़ीयतें और वह भी स्टालिन के ज़माने की क़ैद की अज़ीयतें सहनी पड़ीं थीं। शौहर से तलाक़ लेना उस ज़माने और उस मुआशिरे का रिवाज़ न था मगर तंग आकर उसने तलाक़ भी ली, अलबत्ता शाइरी का ताज सलामत रखा। इन सारे जान सोज़ शबो-रोज़ को अपने अन्दर समेटने के बावजूद उसकी शाइरी में सुबह की ताज़गी है। वह अपनी शाइरी में मुहब्बत और सुकून और लोगों के लिए आज़ादी की तलब करती रही।

इसी तरह मरीना तस्तोविया भी अपनी ज़िन्दगी को तारीख़ में गुज़रे बड़े मर्दों और औरतों के मुक़ाबिल रखकर देखती रही और शाइरी को वह यह कह कर पेश करती रही। "इंक़लाबियों को उन के किरदार के लिए तैयार नहीं किया जाता वे तो अपने वक़्त के सवालों का जवाब देने के लिए ख़ुद-ब-ख़ुद उभर आते हैं।"

मुझे मेरे शेरी सफ़र में पास्तर्नाक, मायकोव्हेस्की और ऑस्प मंडल यस्टम ने भी बड़ा समझाया कि "शाइरी पूर्णता का नाम नहीं। नज़्म में हक़ीक़त को ऐसे जज्ब करो जैसे स्पंज सब कुछ अपने अन्दर जज़्ब कर लेती है। उन्होंने मुझे कहा जो लोग शाइरी से ख़ौफ़जदा हैं उनको बताओ क्या गुलाबों ने भी कभी साँप छिपाये हैं।"

मेरे सारे इल्मी रहनुमाओं और सीनियर उस्तादों ने एक अहम मश्वरा मेरे कन्धे पे हाथ रखकर दिया था वह आज तक मेरी रहनुमाई और दस्तगीरी करता है। तुम जो कुछ लिख रही हो या जो कुछ कर रही हो उस पर बहुत तन्क़ीद होगी अगर तुम जवाब देने के रद्दे-अमल का शिकार हुईं तो तुम ज़िन्दगी भर और कुछ न कर पाओगी। अपने फ़न की संजीदगी से बिना किसी तारीफ़ की तमन्ना के कम अज़ कम दस साल सेवा करो। फिर दुनिया की कोई ताक़त तुम्हें नज़रअन्दाज़ नहीं कर सकेगी।

शाइरी ने मुझे बहुत दुख दिये। शाइरी छोड़ देती तो शायद नेक परवीन बीवी मान ली जाती। ख़िदमतगुज़ार माँ का सम्मान मिलता, बहन-भाइयों से और क़ुर्बत होती, दुनिया को कम समझ पाती, सच कम बोल सकती, कम दुश्मन बना पाती और तन्हा रहने में कम ख़ुशी महसूस करती।

मगर शाइरी ने मुझे बहुत सुख दिये। पूरा मुल्क और पूरी दुनिया मुझे अपना मायका लगता है। इतने दोस्त और इतने चाहने वाले दिये कि मुहब्बत

की गर्मी मुझे अनथक काम करने पर माइल रखती है। शाइरी ने इतना अपनापन दिया कि सम्बन्धों के सारे रिश्तों की चादर मेरे सर पर तनी है।

मेरे अन्दर के सब्र के ग्लेशियर को बहाव में बदलने वाली यही शाइरी तो है। विकीयांस ने 35 साल की उम्र में लिखना शुरू किया था कि उससे पहले उसे लिखना पढ़ना भी नहीं आता था। उसकी तहरीर में कोई कोमा कोई फुल स्टॉप नहीं है। उस के अल्फ़ाज़ से लगता है एक पत्थर पे दूसरा पत्थर चुना जा रहा है। लफ़्ज़ों की एक मज़बूत ठोस दीवार, जब मैंने लिखना शुरू किया तो बिल्कुल विकीयांस की तरह। यह तहरीर उसकी तरह की विशिष्ट तो नहीं अलबत्ता यह जानती हूँ कि जिस तजुर्बे को सोचने में दस-दस बरस लगे जब उसको लिखने बैठी तो उसके लिए बस एक रात और दिन काफ़ी था। हज़ार रातों का एक दिन...हज़ार रातों की एक रात। शैली बनाने वाले तो क़वाफ़ी... जैसे शाइर होते हैं। जिसके बारे में ऑडन ने कहा था एक ऐसा शाइर जिसकी शैली को बयान नहीं किया जा सकता है उसे या तो मसलन दोहराया जा सकता है या उसकी भौंडी नक़ल उतारी जा सकती है।

यशोधरा का जन्म

ब्रितानवी मनोवैज्ञानिक डगलस अपनी नफ़्सियाती शोध में याद कराता है, उन औरतों की कहानियाँ जो शैतानों के साथ गले मिला करती थीं। इन कहानियों में एक कहानी है कि एक बिगड़े हुए ख़ानदान में शौहर जब घर लौटता है तो उल्टी करता है जिसमें कुत्ते का पंजा और बच्चे की उँगलियाँ निकलती हैं और सत्रहवीं सदी के इक़रारी बयानात में वह उन रूहों का हवाला देता है कि जो न सिर्फ़ भेड़ियों की शक्ल बल्कि चुहियों और तितलियों के रूप में भी घूमती थीं और शैतान के साथ लड़ने के लिए अपने साथ साजो-सामान भी रखती थीं।

ऐसी बातें मुझे उस वक़्त याद आती हैं, जब मैं अपनी पैदाइश और ज़िन्दगी के सफ़र के बारे में सोचती हूँ। मेरी पैदाइश मेरे घर में यक़ीनन कोई वाक़िया या ख़ुशी का लम्हा न था कि मैं पाँचवीं थीं और लड़की थी। वैसे भी हर डेढ़ या पौने दो साल बाद बच्चे का होना, औरत मर्द की जिस्मानी ज़रूरियात के आईने के तौर पर एक मानी हुई हक़ीक़त थी। यह वह ज़माना था जब किसी को मालूम न था कि बच्चे पैदा कैसे होते हैं और रोके कैसे जाते हैं। बस एक सुबह सहन में चीख़ते बच्चे की आवाज़ बता देती थी कि घर में नया मेहमान आ गया। सौंठ से बनी अछवानी और सूजी का हलवा, घरवालों को भी खाने को मिल जाता था।

हममें से बेशतर बहन-भाई, ददियाल पर गये हैं यानी छोटे क़द, गंदुमी रंग, छोटे माथे, छोटी आँखें और छोटे हाथ-पाँव, इससे आगे की कहानी में आईना है जो झूठ नहीं बोलता।

एक बादशाह ने सूरज से इल्तिजा की थी कि वह रोज़ सुबह उसकी बीवी को जगाने के लिए तुलूअ हुआ करे और सूरज आज तक अपने उसी क़ायदे

पर क़ायम है। उसने हर जागने वाले को शहज़ादी का मर्तबा बख़्श दिया है। मेरे अन्दर जिस लम्हे शहज़ादगी का ख़ुमार जागता, बचपन से बुढ़ापे तक, बहुत से मेहरबान मौजूद रहे हैं जो मुझे "Anti Fairy Tale Character" कहकर ख़ुद अपने चेहरे की तरफ़ देखने पर मजबूर करते रहे हैं। ये "Self Pity" कई सूरते-हाल नहीं है, बल्कि ये जैक्स रोबाद की "प्रिंस हूपी" की एक शक्ल है जो बेपनाह मुहब्बतों की भी मालिक है। बेशुमार साज़िशों की शिकार भी होती है। अपने अग़वा करनेवालों के नाम और सज़ा भी ख़ुद तजवीज़ करती है और फिर आख़िर में ख़ुद कहती है "कहानियों पर एतबार मत करो क्योंकि कहानियाँ तो ख़ुद कहानियों की ख़ालिक़ होती हैं।"

इस सारी शक्लो-सूरत को निखारने का काम टाइफ़ाइड ने बहुत किया। टाइफाइड और मेरा साथ बहुत अर्सा तक रहा। 5 से 7 साल तक की उम्र में 4 दफ़ा टाइफाइड हुआ। फिर 12 से 14 साल की उम्र में तीन दफ़ा हुआ। मेरा जिस्म पीलापन लिए हुए सफ़ेद हो जाता था। साबूदाना खा-खा के मुझे लगता था कि मेरा तालू रबड़ का हो गया है। माथा तो पहले ही छोटा था रंग और भी गहरा साँवला, बल्कि मटियाला स्लेटी हो गया था। नक़्श पहले ही खुरंड की तरह उखड़े-उखड़े और बेजोड़ अनमेल थे। हद दर्जा पतली, काली, लम्बी चुटिया वाली, तस्वीर मेरी उतरती तो वह इतनी हौलनाक होती जितनी मैं ख़ुद थी। हर ज़माने की तरह उस ज़माने में भी घर के नाम और बाक़ायदा नाम अलग-अलग रखे जाते थे। मेरा घर का नाम छुट्टो था। एक भाई का नाम नौशा था, एक का दुल्हा और एक का अच्छना बहनों में सिर्फ़ एक बहन का नाम बिल्लो था। यूपी में नहीं पंजाब में भी ऐसा ही होता था। यूसुफ़ का घर का नाम "काका" था और मैंने भी अपने बच्चों के घर के नाम मीज़ो और फ़िचो रखे हुए थे। मीज़ो तो इतना मशहूर हुआ कि लोग इसे उसका असली नाम जानते हैं।

मेरा असली नाम किश्वर जहाँ रखा गया था। नवीं क्लास तक यही नाम चला। उस ज़माने में रिसालों में अजब तरह के नाम होते थे और दो नाम इकट्ठे लिखे जाते थे। मैंने रिसालों में लिखने वालियों के नाम की तरह अपना नाम किश्वर जहाँ से किश्वर नाहीद कर लिया। वैसे तो मेरी दूसरी बहनों ने भी नाम इसी तरह बदले थे, मगर उन की ज़िन्दगी में अपना नाम लिखने की फ़ुर्सत ही न रही। इसलिए मैं ही सिर्फ़ छुट्टो से किश्वर नाहीद बन सकी थी।

शादी के बाद माँग, पुरज़ोर आग्रह, नाराज़गी, नाम बदलो, लगता ही नहीं तुम्हारी शादी हुई है। मेरे सामने मुझ से सीनियर लिखने वालियों का मज़बूत सहारा मौजूद था। उनमें से बेशतर ने नाम नहीं बदला। मैं भी तो उनके क़बीले की हूँ।

मेरा बारहवाँ साल लगा और इधर जिस्म पर बौर आने लगा। दुपट्टा ढंग से ओढ़ने की हिदायत दी गयी। सूइयों की तरह चुभते नौ रस्ता गुँचे, क़मीज़ में से नज़र आये तो बुरे लगते थे। मोटी कमीज़ लाज़िमी शर्त ठहरी कि एक दिन बैठे बिठाये शलवार पर गुलो-गुलज़ार साफ़ थे। बहिश्ती ज़ेवर पढ़ने के बावजूद कुछ मालूम न था। बड़ी बहन को फ़ौरन पकड़ा और रोते-रोते अहवाल बयान किया और ख़दशे का इज़हार किया कि शायद अन्दर कोई फोड़ा था जो फट गया है। बहन ने अहवाल सुनकर बड़े इत्मीनान के साथ कहा "कोई बात नहीं सबके साथ होता है" मैंने तड़ से सवाल किया "आप के साथ भी "हाँ-हाँ" उन्होंने ट्रंक में से कुछ फटा-पुराना कपड़ा निकालते हुए कहा। मुझे उन बातों से इत्मीनान नहीं हो रहा था, मैंने फिर पूछा "तो आप मुझे दिखायें" वह झल्ला कर बोलीं "सबको एक वक़्त में नहीं होता" अरे क्या नहीं होता। यह तो दूसरी-तीसरी मर्तबा हुआ है। दो दफ़ा हुआ मैंने शलवार धोई जब दाग़ नहीं गया तो काट डाली फिर सी ली। मगर शलवार छोटी हो गयी, मैं दो शलवारें काट चुकी हूँ। कितनी शलवारें ख़राब होंगी? हाय मेरी सफ़ेद-सफ़ेद शलवारें।" इससे पहले कि मैं बाक़ायदा रोने की क्लास शुरू करती। उन्होंने हाथ में गर्ज़ की रेसिपी थमा दी और यूँ दर्द में तड़पने की एक बाक़ायदा मंज़िल का आग़ाज़ हुआ।

तंग सीढ़ियों और बन्द कमरों में रिश्ते के भाइयों से न मिलने की पाबन्दी ने बड़े रंग दिखाये, नमाज़ के जुनून के बाद ज्योतिष जानने का जुनून सवार हुआ। सारी-सारी रात सितारों की जगह बदलने, डूबने-चढ़ने और उन तमाम सितारों में अपने मुक़द्दर का सितारा तलाश करने की धुन सवार हुई। सितारों के इल्म से सम्बन्धित जो किताब भी मिल सकी, छिप-छिपा के पढ़ी, अम्माँ ने रात को छिपकर दबे पाँव आकर कोशिश करनी कि मुझे रंगे-हाथों पकड़ लें कि शायद यूँ मैं लड़कों से मिलने के बहाने तलाश कर रही हूँगी। मगर उनके तन-बदन में आग लग जाती कि मैं तो सितारों के ज़ायचे बना रही

होती। मैं घण्टों क़ुरआन पाक लेकर बैठती। अम्माँ भी बड़ी ख़ुश होतीं। जब देखा मैं कुछ लिखती रहती हूँ फ़िक्रमन्द हुईं बहनों के ज़रिये पुछवाया। मैंने कहा क़ाफ़िये तलाश करती हूँ। बहुत मार पड़ी और क़ुरआन पाक के साथ कॉपी लेकर बैठना मना हो गया। हाथ की लकीरों और सितारों के ज़ायचों की किताबें जला डाली गयी और उन लम्हों में अम्माँ ने हमेशा कहा "आये मैंने तुझे क्या खा के जना था।"

शादी, सुहागरात, हमल, बच्चे के पेट में साँस लेने से पेट में खिदकी-सी पड़नी, ये सब मंज़िलें ऐसे नामहसूस तरीक़े पर आयीं और गुज़र गयीं कि मेरी ज़िन्दगी में कोई कँपकँपी पैदा ही नहीं हुई। गुज़िश्ता दिनों एक आम-सी लड़की जब उम्मीद से हुई तो उसकी ख़ुशी और शोर-गुल देखने लायक़ था। वह बार-बार मुझसे लिपटकर मुझे झँझोड़ कर कहती "मैं माँ बनने वाली हूँ। मैं माँ बनने वाली हूँ।" उस वक़्त मैंने पहली दफ़ा ख़ुद को खटखटा के पूछा "तुम कहाँ थी" तुम पर यह क़ैफीयत यह सरशारी क्यूँ नहीं आई। जवाब आया" याद करो जब तुम सुबह पाँच बजे उठकर घर की सफ़ाई, नाश्ता बना के बस पे बैठकर यूनिवर्सिटी, 11 बजे यूनिवर्सिटी से फ़ारिग होकर बस और पैदल समनाबाद दफ़्तर, दफ़्तर से 6 बजे फ़ारिग हो कर बस पर लक्ष्मी चौक। फिर घर का काम, ससुराल की धमकियाँ कि उठा लेंगे, अग़वा करा देंगे। रात गये तक यूनिवर्सिटी के लिए पढ़ना, उस दौरान बस एक दिन यह पता चला कि उम्मीद से हूँ, और जिस दिन दफ़्तर नहीं गयी, तो पता चला कि बच्चा हो गया।"

सुहागरात भी अजब हलचल भरी रात थी। हम इकट्ठे थे एक-दूसरे से जैसे छिप रहे थे। दोनों को इस दैवीय संजोग पे एतबार ही नहीं आ रहा था। उसके सोने के बाद सारी रात घर की सीढ़ियों पर बैठी मैं बस सोचती रही कि उस के पास सिर्फ़ ढाई रुपये हैं। ज़िन्दगी कैसे गुज़रेगी और अगले दिन से सड़क, यूनिवर्सिटी, नौकरी की तलाश।

1970 तक मेरा वज़न 96 पौंड रहा, मगर अब रोज़-रोज़ सर में दर्द, लो ब्लड प्रेशर और हाथ-पैर मुड़ जाने का अमल शुरू हो गया। मेरे डॉक्टर भी बहुत मेहरबान थे वे इन सारी बीमारियों की नफ़्सियाती वजहें समझ चुके थे। कई दफ़ा तो मुझे कमरे में बिठाकर पहले आराम से हाल पूछते, मेरी शक्ल

और मेरा हुलिया देखते और फिर मुझ से इस तरह बात करते कि मैं रो पड़ती। वे इतने बड़े डॉक्टर थे। मुझे रोता देखकर वे और ऐसी बातें करते कि मैं फट पड़ती। ख़ूब रोती, ख़ूब बोलती और फिर वे देखते, मेरी नब्ज़ नॉर्मल हो जाती, मैं रोते-रोते मुस्कुराने लगती, मैं अपनी इस बदतमीज़ी पे उन से माफ़ी माँगती और वे मेरे मेहरबान, मेरे दोस्त मुझ से फ़ीस भी न लेते। मुझे दरवाज़े तक छोड़ने आते।

फिर मेरी आदत और हालत देखकर उन्होंने इस क़दर इंजेक्शन और दवाइयाँ दीं और नोटिस दिया कि जब तक तुम्हारा वज़न 120 पौंड नहीं हो जाता, यह कोर्स जारी रहेगा।

ख़ुद से आज़ाद होने के लिए मुझे बड़े जतन करने पड़े। मेरे दाँतों के बीच खिड़की थी बहुत बड़ी खिड़की, टेलीविज़न पर आती तो लोग फ़ोन कर के तंग करते। दाँत क्यों नहीं लगवाती। बड़े-बूढ़े कहते ना-ना खुशकिस्मती की निशानी है। बहुत दिन सबकी सुनी। एक दिन डॉक्टर के यहाँ जाकर यह भागवानी की निशानी बन्द करवा आयी।

मेरे बाल बहुत लम्बे थे। जब अम्माँ कुर्सी पर बिठाकर मेरा सर धोती थीं तो मैं रो-रोकर बुरा हाल कर देती थी। बारीक बाल, घण्टों उनको सुलझाने में लगते, दफ़्तर जाती, जूड़ा बनाती, मोतिया के फूल जूड़े में लगाती, वह भी सब से सहा न जाता, आख़िर एक दिन क़ैंची उठाई ख़ुद ही चुटिया काट डाली, हमेशा छोटे बाल रखे कि लिखते-पढ़ते हुए मुँह पर न आयें।

उम्र की चालीसवीं सीढ़ी पे पता चला कि आप के वजूद में जिन चीज़ों को आप इस्तेमाल नहीं करते वे भी आपकी तरह अपनी हक़ मारे जाने पर ऐतराज़ करती हैं। मैंने बाईस साल की उम्र में दो बच्चे पैदा कर के यह समझ लिया था कि बस मुझे इतने ही ख़ानदान की ज़रूरत है (हालाँकि उस ज़माने में "फैमिली प्लानिंग" का मौसम भी शुरू नहीं हुआ था) यह तो मेरी गाइनोलॉजिस्ट दोस्त जिसने कि एक दिन के अन्दर-अन्दर मेरा ऑपरेशन किया। उसने मेरे अन्दर की चीख़ का अहवाल बताया और फिर मैंने "फेयरवेल टू यूटरस" नज़्म लिखी।

ऑपरेशन के बाद हॉस्पिटल में तीन हफ़्ते गुज़रे और इस दौरान मैंने कोई पचास किताबें "मेनोपॉज़" और "हिस्टर रेक्टोमी" पर पढ़ीं। हर किताब में

लिखा था "औरत चिड़चिड़ी हो जाती है। उसको ग़ुस्सा ज़्यादा आने लगता है। वह मोटी हो जाती है उसमें कामभावना ख़त्म हो जाती है। वह ड्राई हो जाती है। वह बिल्कुल Rotten Vegitable हो जाती है। उस की दाढ़ी मूँछें निकल आती हैं।

हम बहुत-सी औरतें जो इस कैफ़ीयत से गुज़री हैं, हँसती हैं, कि किताबी इल्म भी हक़ीक़त से कितना दूर और बेमानी होता है।

औरत को जिंसी क़िस्म की आज़ादी न देने के लिए डॉक्टरी सतह पर भी कैसे-कैसे कुलिए ईजाद किये जाते हैं और औरत के बदन की हर बदलती शक्ल को ख़ूबी के तौर पर कम और मर्ज़ के तौर पर ज़्यादा लिया जाता है। पुराने ज़माने में जब तक ब्लेड ईजाद नहीं हुए थे, सबसे पैसा कमाने का पेशा दाढ़ी बनाना था। हमारे ज़माने में सब से मक़बूल पेशा औरत के मर्ज़ हैं। हिस्ट्रिया, बच्चा पैदा करना, बच्चा बन्द करवाना, गर्भपात कराना, हिस्टर रेक्टेमी, वज़न कम करना, नफ़्सियाती बीमारियाँ और प्लास्टिक सर्जरी। ये सारे काम औरत की सेहत और ख़ूबसूरती के नाम पर ख़ूब फैल रहे हैं।

बहुत-सी कैफ़ीयतें जिनका जवानी की सरशारी "जिनको आती हो हमें तो वह भी नहीं मिली।" में पता ही नहीं चलता उनकी पकड़ का इल्म, उम्र की पुख़्तगी की मंज़िल ही में होता है लव ऑफ़ मैच्युरिटी या लव ऑफ़ सिक्योरिटी या एक अहतिराम की फ़ज़ा हर उम्र के लोगों में आपके सफ़ेद बाल और आपका चेहरा देखकर कहानियों में जिस उम्र से डराया जाता था। मुझे तो उस उम्र ने बहुत हौसला और क़द्रदानी दी है। वैसे टैगोर की कहानी की तरह कुछ औरतें यह साबित करने को मर जाती हैं कि वे ज़िन्दा हैं कि बीवगी का लफ़्ज़ उनके साथ चस्पाँ हो जाता है। उम्र के खाने में आप के लिए नामुरादी का हर्फ़ हर जगह लिख दिया जाता है। घरों में लड़के-लड़की की शादी की रस्में हो रही हैं। सबको नाम ले-लेकर बुलाया जा रहा है। लेकिन आप ख़ुद ही एक तरफ़ को ठहर जाती हो।

किसी ग़ैर-मुल्की सफ़र में मियाँ-बीवी एक दूसरे पे जान निछावर कर रहे हैं, बुढ़ापे में और भी क़ुर्बत महसूस कर रहे हैं। आप ख़ुद भी एक तरफ़ होती जाती हैं।

दोस्तों की महफ़िल में सब ख़ुश हैं। आपको बुला रहे हैं। आपसे बातचीत में एक बनावटी अपनाइयत है। सरगोशियाँ हैं। आँखों-आँखों में कहानियाँ हैं। अगर किसी को आप ड्रॉप करने या लेकर जाने का कह दें फिर तो क़यामत है। यह घटना आम मिलेगी कि कल फ़ुलाँ आपको घर छोड़कर गया था।

ख़ुदा, समुन्दर, पहाड़, सभी तो अकेले ही सारे बोलते होंठों की कथा सुनते हैं।

बेताज ज़रीं

मुशाअरा यूँ तो तहज़ीबी सिल्सिला है, मगर इस तहज़ीबी सिल्सिले को तहज़ीबी हदों में रखना मुश्किल काम होता है। यूँ तो तहज़ीबी हदें हर शख़्स, हर व्यक्ति और हर प्राणी की अलग-अलग होती हैं, मगर फिर भी एक सामान्य शिष्टाचार की हदें होती हैं। वे न जाने क्यों शाइरों में आकर परस्पर विरोधी इज़हार के ज़रिये ही शाइराना शराफ़त और रवैयों का इज़हार मानी जाती हैं। ग़ैर-ज़िम्मेदारी का इज़हार, बालों की बरहमी, कपड़ों का मटमैलापन और शराब के नशे में बदमस्ती। एक उम्र तक शाइराना अन्दाज़ क़रार पाते रहते हैं, मगर अब ज़ायका ही दीगर है। जब मुशाअरे के लिए चलने को कहो तो शाइरों में से कोई आवाज़ देता है ज़रा सिगरेट भी ले लेना, अरे भाई रास्ता लम्बा है, ज़रा फल-फ्रुट ले लेना, ओहो! पान सादे और सौंफ़ मुलेठी अलग कर के लगवा लेना...फिर खाने पे...कई मुर्ग़ियाँ तो ज़िबह हो के इतनी जान से नहीं जाती होंगी...जिस क़दर प्लेटों में खाने की आतुरता के हाथों अपमानित होती हैं। फिर पढ़ने के सिल्सिले में शाइर की बड़ाई यह ठहरती है कि किस ने किस के बाद पढ़ा, और किस से पहले पढ़ा। लाख सलीक़ा बरतो, शाइरों को तो फिर भी शिकायत रहती है कि मुझे मेरे मर्तबे के मुताबिक़ नहीं पढ़ाया गया। एक ज़माना था कि तांगे का किराया, पानदान का ख़र्चा, रास्ते का ख़र्चा, मुशाअरा पढ़ने का मुआवज़ा, बाक़ायदा काग़ज़ पे लिखकर, हिसाब-किताब से पैसे माँगे जाते थे।

औरतों के मुशाअरे पढ़ने की रिवायत में एक और रिवायत शामिले-हाल हुई और वह थी ग़ैर-शाइरात का गले के बल पर शाइरा बनने का अमला, ज़ाहिर है कि इस अमल से गुज़ारने के लिए किसी के शेरों की चमत्कारिता

असर दिखाती थी और उस मसीहाई के सौदे में कई रोने-पीटने के मुक़ाम आते थे कि हम जैसे कई शाइर यह कहते थे कि आख़िर शब दीद के क़ाबिल थी...

ख़वातीन के लिए ऐसे अन्दाज़ के बाइस तमाम शाइरात के बारे में तास्सुरात घायल करने वाले होते थे। उन को ज़ायल भी किया जा सकता था। मसला था वक़्त का, सारी सारी रात मुशाअरा पढ़ो। अगले दिन सुबह दफ़्तर। फिर मुशाअरे में ऐसे फ़िक़रे भी सुनने को मिलते कि जब मुशाअरा गाह की सम्त किसी छोटे से शहर में जा रहे होते तो लोग कहते "लो जी अब शो शुरू होगा कन्जरियाँ भी आ गयी हैं" इसके अलावा मुशाअरे के प्रबन्धक, शाइरात की इज़्ज़त बढ़ाने के लिए मुशाअरे में नहीं बुलाते बल्कि मुशाअरे की दिलचस्पी और रंगारंगी को बढ़ाने के लिए बुलाते हैं। बुलाते वक़्त यह भी आग्रह करते हैं कि शाइरा गाने वाली हो। मुल्क से बाहर मुशाअरा हो तो यही आग्रह। "तीन शाइर और एक शाइरा। सब लोग गाने वाले हों तो बेहतर होगा।"

शाइरा का तरन्नुम से पढ़ना एक ज़रूरत बन गयी। ज़रूरत ईजाद की माँ होती है। शाइरात बनाई जाने लगीं। ऑर्डर पर ब एवज़ इश्क़, दोस्ती, बाक़ायदा लेन-देन। यह अलग बात कि वह आधा तीतर आधा बटेर बनने लगीं। शाइरा बनाने वालों को मेहनत बहुत करनी पड़ती थी। मत्ला, मक़्ता समझाते तलफ़्फ़ुज़ ठीक कराते। मुशाइरे के तौर-तरीक़े समझाते। फिर बात कम करने की नसीहत करते कि कहीं भेद न खुल जाये और अगर ग़ज़ल हासिले-मुशाअरा ठहरे तो तैरती मछली हाथ से निकल जाने के ख़ौफ़ का दामन पकड़े ज़िन्दगी गुज़ारने वाले, कितने हौसलामन्द लोग होते हैं।

तरन्नुम से शेर पढ़ना बजाय ख़ुद एक तहज़ीब थी, मगर अब मुशाअरे को मुजरे से कम क़ीमत होने के बाइस फिर से ज़्यादा मौक़े मयस्सर हैं, इसलिए कि अव्वलन तहज़ीब याफ़्ता क़रार पाओ और दूसरे सामान हाओ-हूँ कुछ तो करो। वैसे भी गाने वाली को तो एक रात के हज़ारों अलग, साज़िंदों के पैसे भी अलग और आला दर्जे के होटल में क़याम के पैसे देने पड़ते हैं। जब कि शाइरों बेचारों को मुहब्बत से बुला लो तो चलते-फिरते ख़ुद ही आ जाते हैं। तबीयत के इतने बेपरवाह कि खाना खिला दो तो दुआ दें वर्ना यूँही मुशाअरा पढ़ कर ख़ुद ही घर चले जायेंगे। पड़ोसी मुल्क के सारे मुशाअरे यही ज़ायका रखते हैं।

वैसे उर्दू शायद इकलौती ज़बान है कि उसके शाइरों को अपने अनपढ़ होने पर फ़ख़्र है और बहुत से शाइर अनपढ़ रहने को अपना चलन मानने के बावजूद हर महीने कम अज़ कम चार ग़ज़लें, चार नज़्में औसतन लिखने की रिवायत रखते हैं। कुछ शाइरों का दस्तूर है कि शाम 5 बजे से 9 बजे रात तक रोज़ाना लिखना है। पढ़ना शर्त नहीं है। दूसरी तरफ़ कुछ साहब ऐसे हैं कि जो अच्छी-बुरी रोज़ ग़ज़ल न लिखें तो उन्हें अपने शाइर होने पे एतबार नहीं रहता। कुछ साहब ऐसे भी हैं कि जिनकी ग़ज़ल हम ने बचपन में मुशाअरे में सुनी, वही ग़ज़ल अपने बुढ़ापे में भी हम मजबूरी में बर्दाश्त कर के सुने जा रहे हैं। मुशाअरे पढ़ने की रिवायत में एक नया क़बीला दाख़िल हुआ है यह क़बीला है कॉलम लिखने वालों का और अदबी सफ़्हों के इंचार्ज साहिबान का, कि कुछ लोग जैसे पाकिस्तान बनते ही हमारे देखते-देखते सय्यद बने थे बिल्कुल उसी तरह हमारे देखते-देखते शाइर बन गये। एक ग़ज़ल और एक अदद मत्ला उनका सरमाया सही मगर तहज़ीब उनको भी गोद ले लेती है और बुलबुल की तरह चहकते, ग़ज़ल पढ़ते-फिरते हैं। इन बुलाने वालों का भला यह होता है कि हर माल ब एवज़ मुआवज़ा चाहिए होता है। इस तरह अख़बारों के अदबी सफ़्हों के ज़रिये शोहरत इन के काम को और बढ़ा देती है। मुशाअरे के सद्र और मुंतज़िम चूँकि ज़िले के डिप्टी कमिशनर साहिबान होते हैं और ऐलान भी करते हैं कि "आज बड़े-बड़े शाइर हिस्सा लेने के लिए आये हैं"। फिर सदारत और मुआवज़ा देना भी उन्ही का फ़र्ज़ होता है। इसलिए उनकी तस्वीर मय शाइर के छप कर बाइज़्ज़त होती है और फिर यूँ भी होता है कि उनमें से अक्सर डिप्टी कमिशनर शाइर भी हो जाते हैं और कोई बड़ी फ़नकारा उन का कलाम गाकर उनको अमर भी कर देती है। वैसे ख़वातीन ही में शाइर बनने का रुझान आम नहीं, मर्द भी कई हैं कि साहिबे-दीवान हुए सफ़े-अव्वल के शाइर हैं, मगर इस अहसास से भी शर्मिंदा न हुए कि दूसरों के अश्आर पे गुज़र है।

जेब से पैसे ख़र्च कर के किताब छपवाने का अमल कुछ को तो उन अदीबों ने बुलन्दी पर पहुँचाया, जिनकी पुराने लोहे की दुकान, फैक्ट्री का परमिट या किसी सरकारी महकमे, अल्लाह के फ़ज़ल या हुक्मरानों की संगत का एज़ाज़ हासिल था। फिर बात आगे चली तो अदीब दुबई जाने शुरू हो

गये। अगर वे नहीं गये तो उनके भाई बन्द गये और बहन-भाइयों के अरमान पूरे करने शुरू किये। बल्कि हाँ में हाँ मिलाने वाले भी पैदा किये जो हर मौक़े पर उनकी और उनके नाम की माला जपकर सबको यक़ीन कराते हैं कि अदब तो बस यही शख़्स लिख रहा है या फिर वे थड़वले कि जो काता ले दौड़ी की तरह अपने ही प्रोमोटर बने हुए थे और अपने नाम पर संस्थायें खोल कर अपनी ही किताबों के अंबार लगाये हुए हैं।

नये ख़यालात के अंबार लगाने का रिवाज़ भी चला। यह देखा जाता कि इस मज़्मून, इस तक़रीर, इस ब्रॉडकास्ट, इस सप्लीमेंट और इस मुज़ाकिरे में मेरा नाम आया कि नहीं, अगर आया तो किस नम्बर पर आया और किस ने मुख़ालफ़त की। बस जिसने मुख़ालफ़त की, छोड़ दिये उस पर पालतू मज़्मूननिगार, कॉलम निगार, क़तअ निगार अगर ये भी मयस्सर न हों तो लेटर टू एडीटर कहीं नहीं गया। अगर वह भी नहीं तो फिर आपको अदब में दर्जाबंदी करने वालों की सफ़ में खड़े होने का हक़ नहीं।

अदीबों की दर्जाबंदी के बड़े गुर आज़माये जाते हैं। ब्यूरोक्रेटिक अदीब और ये अदब की हद कि बंदा शाइर हुआ और ख़ुदा न ख़्वास्ता किसी ज़िले का कोई कमिश्नर या इनकम टैक्स का आला अफ़सर, बस बिछे जा रहे हैं, उस की तारीफ़ में महफ़िलें हो रही हैं। नम्बर निकल रहे हैं और वह जवाबन कुछ इश्तेहार कुछ काग़ज़ का कोटा कुछ राशन डिपो के तोहफ़े, भेज रहे हैं और अदब के सरपरस्त का ख़िताब पा रहे। उन्ही पब्लिशर से बात करो कि किसी ग़रीब मगर अच्छे शाइर का कलाम शाए कर दो तो जवाब मिलेगा बाज़ार बड़ा मन्दा है। शाइरी तो आजकल कोई पढ़ता ही नहीं। पूछो इनका कलाम कैसे छप गया। जवाब मिलेगा उसको ख़रीदा भी तो उनके महकमे ने है। लेखक के दस्तख़तों से किताब बेचने का तजुर्बा किया गया। सबसे ज़्यादा किताब एक अफ़सर की बिकी और मोटे-मोटे सेठ मिठाई के डिब्बों की तरह कई-कई बंडल उठाकर ले गये। हमारे देखते-देखते एक वज़ीर ने एक सेक्शन अफ़्सर की तनख़्वाह पे अदीब मुलाज़िम रख कर, दो साल में दस किताबें लिखवा लीं और महकमे की मेहरबानी से अरबी फ़ारसी में तर्जुमा करा कर इंटरनेशनल अदीब होने का एज़ाज़ हासिल कर लिया।

एज़ाज़ तो हमारे उस बुज़ुर्ग ने भी हासिल किया था कि जिस ने ख़ुद हुकूमत को लिखा था कि मुझे सदारती तमग़ा अभी तक नहीं मिला और उन की यह ख़्वाहिश पूरी कर दी गयी थी। एज़ाज़ तो डॉक्ट्रेट का उन उस्तादों को भी मिल जाता है जो ज़हीन छात्रों के नोट्स लेकर अपने नाम से शाए करा देते हैं और उन छात्रों को भी मिल जाता है जो उस्ताद के क्लास नोट्स को किताबी शक्ल का नाम देकर आनन-फानन छपवा देते हैं। फिर यह भी होता है कि एज़ाज़ और वह भी इंटरनेशनल एज़ाज़ पाने वाले पाकिस्तानियों को अपने ही वतन में तरह-तरह के ताने और इल्ज़ाम सुनने पड़ते हैं। ताने और इल्ज़ाम सुनने के लिए कुछ लोगों को एक ज़िन्दगी कम ठहरती है कि लोगों का हौसला बड़ा होता है और अगर औरत हो तो ज़िन्दगी और उम्र का कोई हिस्सा न स्कैंडल से महफ़ूज़ है न इल्ज़ामों से।

दूसरों के अदब पे गुज़ारा करने वाला एक तबका बिल्कुल अलग है। उस में एक तो उन ख़वातीन का नाम आता है जो एक्ट्रेस हैं। उनके नाम से नॉविल छपते हैं। ऐसे आलम में उनका नाम उनकी इजाज़त से ख़ुशी-ख़ुशी इस्तेमाल किया जाता है। फिर एक तबक़ा उन ख़वातीन की है जो बेगमात हैं। धनवान हैं, ग़ज़लें और नॉविल ख़रीदकर, बल्कि ग़ज़ल निगार और नॉविल निगार ख़रीद कर, हैसियत मुताबिक़ चीज़ हासिल कर के, हासिले-मुशाअरा भी क़रार पाती हैं। फिर एक सिन्फ़ वह है जो ख़वातीन वज़ूद ही नहीं रखतीं। उनके नाम से मर्दों के लिखे, कच्चे-पक्के नॉविल बिकते, उन लाइब्रेरियों में दस-दस रखे होते और उन्हीं नॉविलों के कच्चे-पक्के फ़िक़रों को अंडरलाइन कर-कर के, मुहल्ले के लड़के-लड़कियाँ अपने इश्क़ का कारोबार चलाते हैं क्योंकि उन के जज़्बों को ज़बान देने को ये नॉविल बहुत जल्द असर नुस्ख़ा साबित होते हैं। ये नॉविल लिखने वाले अक्सर फ़िल्मों से फ़ारिग हुए बेकार अदीब होते हैं। जो सस्ती जज़्बाती तहरीरें ख़वातीन के नॉविल के नाम पर बेचते हैं और मैट्रिक पास घरबन्द बच्चे-बच्चियों का भला करते हैं।

उनको ये नॉविल लिखने पर मजबूर कौन करता है। पेट और पब्लिशर, पब्लिशर को मालूम है कि कोई नॉविल हज़ारों से कम नहीं बिकता और लड़की के नाम का नॉविल तो हाथों-हाथ, हर रेलवे स्टॉल, हर डिब्बे और हर घर बैठी ख़ातून के लिए वक़्त काटी का बेहतरीन ज़रिया होता है। रिश्तों

के इन्तज़ार में बैठी लड़कियाँ, इन्हीं नॉविलों के सहारे अपने बालों में उतरती चाँदी को बर्दाश्त करती और इन ही नॉविलों के किरदारों में डूबकर, घर की चारदीवारी को मुक़द्दर बनाये अपनी मनहूसियत की कालिख धोती है।

मगर यह दुखभरी तहरीर, जो दूसरों के नाम और दूसरों की दिलचस्पियाँ तारी कर के लिखी जाती है। इसमें अगर आर्थिक फ़ायदा न हो तो मिज़ाज को ज़रा रास नहीं आती हैं। मुझे याद है मैंने रेडियो, टीवी के लिए तराने, गीत, फ़ीचर, ग़नाइये, तक़रीरें, प्रोग्राम कम्पेयरिंग, शुरू-शुरू में तो दस रुपये के लिए की। पहले-पहल रेडियो से हर प्रोग्राम के दस रुपये मिलते थे। जिनके आज पचास रुपये या सौ रुपये मिलते हैं। टेलीविज़न पर भी पचास रुपये से शुरू हुआ था और अब जा के डेढ़ सौ कम्पेयरिंग के मिलते हैं। उसी ज़माने में जब पैसों की ज़रूरत होती थी, बच्चों की किताबों के तर्जुमे भी बहुत किये, आठ आने फ़ी सफ़्हे के हिसाब से एक किताब के तीन सौ रुपये मिल जाते। मुशाअरों और फटकोल कामों से ज़िन्दगी की ज़रूरतें कि जिसमें गर्मियों में बच्चों के लिए गर्मी के कपड़े बनाना और सर्दियों में सर्दी के कपड़े बनाने की ज़रूरत पूरी हो जाती थी।

कभी कोई पब्लिशर कहता कि आधी रक़म पहले ले लो आधी बाद में ले लेना तो लालच आता कि यूँ रक़म टूट जायेगी। ज़रा सब्र कर लिया जाये और काम ख़त्म कर के सारी रक़म बाद में ले ली जाये तो कई काम निकल सकते हैं। बस यहीं मार खायी जाती। एक पब्लिशर ने काफ़ी मोटी किताब तर्जुमा करने को दी। उसे किताब हासिल करने की जल्दी भी थी। उसका दफ़्तर पिंडी में था, मैं हर हफ़्ते जितने सफ़्हे तर्जुमा होते, इस को पीआईए के ज़रिये भिजवा देती और वह साथ-साथ किताब करवाता जाता। सात सौ पेज की किताब मैंने तीन, साढ़े तीन महीने में तर्जुमा कर दी। किताब ख़त्म होने के पन्द्रह दिन के अन्दर-अन्दर शाए हो गयी। मुझे इसका इल्म इस तरह हुआ कि मैंने बुक स्टॉलों पर यह किताब देखी। शौक़ से खोलकर देखी मगर हैरत हुई। इस किताब में मेरा नाम नहीं था। मैंने उन साहिब से शिकायत की और रक़म माँगी तो उन्होंने कहा कि आपके तर्जुमे में इस क़दर ग़लतियाँ थीं कि मुझे किसी और से इस क़दर इस्लाह करानी पड़ी कि आप का नाम देना मुनासिब नहीं था। मैंने कहा कि जिसने इस्लाह की थी, उस का नाम दे देते और मुझे उन का

नाम बतायें मगर ये सारे सवाल और इल्ज़ामात, उन के लिए आम रोज़मर्रा की बात थी कि यूँ इंक़लाब के नाम पर काम लेने के बाद, वे ऐसा इंक़लाब लाते थे कि बन्दा हैरान रह जाता था। जिस दूतावास के ज़रिये से यह काम आया था। मैंने उन्हें एतराज़ का ख़त लिखा और अपने पैसों का मुतालिबा किया। वहाँ से जवाब आया कि वे पब्लिशर साहब तो एकमुश्त सारी रक़म ले चुके हैं। उसमें तर्जुमे का मुआवज़ा भी शामिल था। ऐसा बारहा हुआ।

इंक़लाब के नाम पर एक और पब्लिशर, किताबों की लिस्ट लिए आन धमके। एक किताब की हामी मैंने भरी। वह किताब इधर लिखी जाती रही उधर छपाई का काम होता रहा। इस दौरान वे कहीं गये। कातिब को पैसों की ज़रूरत हुई उसने मुझ से पैसे माँग लिए, मैंने इंक़लाब को वास्ता समझकर दे दिये। जब वे आये तो कातिब के बिल के अलावा अपने पैसे माँगे तो कहा "आपको भला पैसों की क्या ज़रूरत" और यूँ अस्ल रक़म और मुआवज़ा, दोनों गोल। जब मुक़द्दमे की ख़बर पहुँचाई और वकील से नोटिस दिलवाया तो फिर इंक़लाब के नाम पर रोते-पीटते चले आये और माफ़ कर देने की इल्तिजायें शुरू हो गयीं। ऐसे पब्लिशर्स में लिंग-भेद की ज़रूरत नहीं।

एक पब्लिशर ने बहुत सिफ़ारिश के बाद, मुसव्विदा लिया। जब किताब छपी तो दस साल का एग्रीमेंट दस्तख़त करने को भिजवा दिया। मैंने कहा जनाब सिर्फ़ एक संस्करण का एग्रीमेंट तो मैं कर सकती हूँ। दस साल में तो दस दफ़ा किताब शाए होगी। यह नहीं कर सकती। उन्होंने कहा कि इस अहद के सारे बड़े शाइरों से मेरा यही मुआहिदा है। आप नहीं मानतीं तो यह आप की मर्ज़ी, वह किताब उठवाकर मैंने एक हज़ार किताब पाँच महीने में बेच दी। फिर दूसरे पब्लिशर ने दूसरी बार छापने की इजाज़त माँगी, बहुत शरीफ़ लगते थे, हर अदबी महफ़िल में आते जाते थे। मैंने उन्हें एक किताब की इशाअत की इजाज़त दे दी। ख़ुदा बख़्शे अपने मरने तक यही कहते रहे "बस चन्द कॉपियाँ बाक़ी हैं" एक और पब्लिशर ने बहुत मुहब्बत और इसरार से किताब तर्जुमा करवाई। किताबें बहुत बिकीं कि किताब की इशाअत के साथ शोर मच गया था कि ये बैन हो जायेगी। बैन हुए ग्यारह बरस हो गये हैं। किताब आज भी अन्दरख़ाने मिल जाती है। मेरे लिए यही जवाब है "बहुत नुक़सान हो गया। पुलिसवाले सारी किताब उठाकर ले गये।"

कई पब्लिशर ऐसे हैं जिन्हें आपकी इजाज़त की ज़रूरत ही नहीं है। उन्हें अपनी ख़ुदनुमाई की आदत नहीं। वे किताब बाज़ार में लाते ही नहीं। छापेख़ाने से सीधी लाइब्रेरियों में पहुँच जाती है। आपको कानों-कान ख़बर भी नहीं होती।

एक-दो पब्लिशर वाक़ई बड़े कमाल के मिले। उनकी ईमानदारी, बेईमानों के मुक़ाबले में मश्कूक दिखाई देती है। वे ख़ुद ही दूसरी इशाअत का मुआवज़ा देकर, और रॉयल्टी का तसल्सुल क़ायम रखकर आपको हैरान कर देते हैं। एक और सिल्सिला पब्लिशर्स है कि नाम दरवेश का है और अन्दर ही अन्दर तह दर तह ख़ानदान, उसी दरवेशी की आड़ में चल रहे। बारह, चौदह बेड रुम्स के घरों की बुनियाद में उन्हीं अदीबों की तहरीरों का सत होता है। जो ख़ुद रोटी की तलाश में हल्कान होकर दम तोड़ देते हैं। मगर फिर ढाक के तीन पात। बग़ावत की हर तहरीक की तरह, अदीबों की भी पब्लिशर के ख़िलाफ़ बग़ावत झाग की तरह बैठ जाती है। उर्दू अदब की एक बड़ी अदीबा जो हिन्दुस्तान में हैं, वह सताईस बरस बाद पाकिस्तान आयी, अपनी किताबों की रॉयल्टी का हिसाब किया। वह रॉयल्टी कम अज़ कम साठ लाख रुपये बनती थी। शाबास है और आफ़रीं है हमारे पब्लिशर्स पर, उनको एक आना नहीं दिया। साफ़ मुकर गये। क़ानून की ज़ंजीर हिलाई तो पता चला कि क़ानून और ज़ंजीर दोनों ज़ंग आलूद हो चुके हैं।

मैं घर पलटती हूँ तो मेरी तहरीरें मेरी गवाही किसी और तरह से देती हैं। यह अलमारी...फलाँ किताब की रॉयल्टी से बनी थी। यह टोस्टर...मुशाअरा पढ़ा था, उससे ख़रीदा था...ये सोफ़ा...फलाँ किताब तर्जुमा की थी, उस के मुआवज़े से ख़रीदा था। अजब कोलाज़ बनता है। किताब, इल्म, सोफ़ा, टोस्टर. तर्जुमा बाक़ी मांदा ख़्वाब, तुम हम और मैं।

बेनाक़ूस लैला

चेकोस्लोवकीयन शाइर जरूसलाउ सेफ़रे ने एक नज़्म में लिखा है "मुहब्बत इतनी बड़ी चीज़ है कि चाहे सारे जहान में इंक़लाब आ जाये। आपको कहीं न कहीं सब्ज़ घास पर, दो आशिक़, हाथों में हाथ डाले सर जोड़े बैठे नज़र आ जायेंगे। इश्क़ के बहुत मरहले हैं मगर यक तरफ़ी इश्क़ बुरी बला होती है चाहे उसमें पहल आपकी तरफ़ से हो कि इन्कार, जज़्बातो-शनासाई का रिश्ता टूटना, कितना तकलीफ़देह होता है वह वरक़ भी तो हैं।

एक वरक़ समुन्दर पार है, मुझे तो वहाँ सिर्फ़ काँफ्रेंस में शिरकत करनी थी। मैंने सुबह से शाम मसरूफ़ियात में, दिन में चार मर्तबा भाषण दिये। हर भाषण को अनुवादक अवाम के सामने पेश करता। अभी पहला ही दिन था। मेरी तक़रीरों से मुतास्सिर होकर वह मेरी मेज़ पर आ गया। मेरा अता-पता पूछने लगा। मेरे कमरे का नम्बर पूछा। मेरे कमरे तक मुझे छोड़ने आया। रात को मेरे कमरे पे आया। अपना हाल सुनाया। बीवी से लड़ाई रहती थी। बहुत बेज़ार था। समझना चाहता था कि औरत और मर्द में रिश्ता कैसे बनता और कैसे टूटता है, ख़ासकर पश्चिमी मुल्कों में। बातें होती रहीं कई पहर रात इन्हीं बातों में गुज़र गयी। अगली सुबह वह मुझे उठाने को टेलीफ़ोन की घण्टी बजा रहा था। तैयार हो कर दरवाज़ा खोला...बाहर वह मेरा मुंतज़िर था। डाइनिंग हॉल में कुर्सी पे बैठने लगी...वह कुर्सी के पास मुझे बिठाने को खड़ा था...मेरा डाइस की तरफ़ बढ़ना और उसका लपक कर इस्तक़बाल करना। मैं सीढ़ियाँ उतरने लगी हूँ...वह सामने से आ गया...अपना हाथ आगे किया। मैं उसके साथ नीचे उतरी...मैं बस में सवार होने लगी हूँ। सामान उठाने को झुकी...उस का हाथ आगे...उसने सामान उठा लिया। मैंने समझाया। वह समझता था।

उसे मालूम था कि लम्हाती दोस्ती है, फिर कभी न मिलने की घड़ी चन्द दिन बाद हमेशा के लिए मौजूदगी होगी...मगर उसने तो जैसे सारी उम्र के चाव... सारे नखरे...सारे बर्ताव...उन चन्द दिनों में...बग़ैर कुछ इज़हार किये...बग़ैर कुछ जताये...बग़ैर कुछ उम्मीद किये, यूँ बताये कि मुझे जहाज़ सवार कराने भी नहीं आया...कहा मैं तुम्हें जाते नहीं देख सकता। मैं सोचूँगा। तुम कॉंफ्रेंस में हो। और फिर शायद कभी यूँ हो कि आज से बीस बरस बाद, मैं और तुम किसी एयरपोर्ट में मिलेंगे। गुफ़्तगू के बाद ही शायद एक-दूसरे को पहचान पायेंगे क्योंकि उस वक़्त तक तुम और मैं दोनों ही बूढ़े हो चुके होंगे।

वहाँ से आने वाले बताते हैं कि उसने बीवी को तलाक़ देने के बाद मेरी तस्वीरें कमरे में सजाकर,अपना कमरा सजाया था। मैं अगर फिर वहाँ गयी तो क्या उस की इनायतों का जवाब दे सकूँगी? मगर उसने यह मौक़ा भी वैसे ही छीन लिया, जैसे उसने ख़ुदा हाफ़िज़ कहने का मौक़ा छीना था।

एक और कॉंफ्रेंस में उसके मुल्क के प्रतिनिधि मंडल से मुलाक़ात हुई। सारी बातें ख़त्म हो गयी, हर फ़िक़रे पर मेरे कान किसी न किसी हवाले से उसका नाम सुनना चाहते थे। प्यास बढ़ती चली गयी। मैंने पूछा और वह क्या करता है...एक दम सन्नाटा...वह तो मर गया...मर गया...कैसे सर में कुछ हुआ था...बस दो दिन तड़पा...फिर नहीं बोला...यह तो सच है, वह कभी नहीं बोला...उसने मुझे भी ख़ुदा हाफ़िज नहीं किया।

और उस की इनायतें कहाँ ढूँढूँ और कैसे समझूँगी जिस ने गूंगी अक़ीदत तीस बरस से ओढ़ी हुई है। न शादी की न करेगा, न बात की न करेगा, न भूला, न भूलेगा, न बहुत मिला, न बहुत मिलेगा। महीने दो महीने...दस महीने साल बाद आना। हाल सुनाना। अदब पे बात करना। मुझसे साल भर जो बीत गयी उसका तज़्किरा करना। मैं पूँछूँ तुम्हें कैसे पता? तो कहना क्या ग़लत है? किसी मरहले पे जज़्बात को हावी न आने देना। हाँ, बेचैन होता तो खड़ा हो जाता। गाड़ी चलाते-चलाते बेचैन होता तो स्टेयरिंग छोड़ देता। बीमार होता तो नर्स को मेरा नम्बर लिखकर देता...मैं अस्पताल पहुँचती तो नर्सें हैरान होकर मुझे देखने आतीं। ये तो अजीब मरीज़ हैं किसी को पास नहीं आने देते। कोई मिलने आ जाये तो लड़ के बाहर निकाल देते हैं। आप को घर फ़ोन कर के बुलाया है। मैं जानती थी कि ये कम हिम्मती ही उसके बर्ताव...उसके लगाव

का यही ख़ासा है। कुछ बेलें ज़मीन पे रहकर ही फैलती हैं। उनको खपचियाँ लगाकर खड़ा करो तो वे फिर गिर जाती हैं।

और वह तो उससे भी मितभाषी था। सिर्फ़ अपने ख़ुद के इज़हार के मुआमले में, वर्ना गुफ़्तगू के लिए तो दरिया भी ठहरकर, उसका स्टाइल सीखता था। उस की तारीफ़ के रंग के सारे रूपक मुझे मालूम थे। मगर जब उस ने कहा कि आज रात नींद में, मैंने तुम्हारा नाम ले लिया था। मैं तैश में आ गयी। यही इस्तआरा ग़लत हो गया। वो ख़ामोश हो गया। शहर बदल गया। अन्दाज़ बदल गया। सुना है अब किसी लड़की को ये नहीं कहता। "आज रात नींद में, मैंने तुम्हारा नाम ले लिया था।"

और उसने तो न नींद में नाम लिया न ज़ाहिर में, मगर एक उम्र गुज़ार दी बेचैनी में, बाहर ट्रांसफ़र होती...लशटम-पशटम नौकरी पूरी करके आता। एयरपोर्ट से सीधा मेरे कमरे में...बात करता मुत्मइन होता। फिर कहता अब बीवी बच्चों के पास जाऊँगा। मैं अनजान बन के नसीहतें देती...वह सुनता। उन पर अमल भी करता, बेसब्रा होकर जब आता...मेरी एक सख़्त निगाह ...उसको भस्म कर के रख देती...उसको क्या मिलता था...वह कहता ममता, सहारा, दोस्ती, डाँट-डपट, मुझे सब कुछ यहीं से मिलता है। मैं जब बेसहारा होता हूँ, तुमसे सहारा माँगने चला आता हूँ। और वह इसलिए चला गया कि उसे मुझ पे एतमाद करने की आदत हो गयी थी। उसको अंग्रेज़ बीवियों की घर-गृहस्थी में मशरिक़ी लोच ढूँढने और पैदा करने की कोशिशें, वापस वतन लाई थीं। अंग्रेज़ बीवी वतन में न रह सकी, बच्चे लेकर चली गयी और वह बोला "मुझे मिट्टी क्यों बार-बार बुलाती है। अगर वापस ही जाना होता है।" मेरे बाहर के अंग्रेज़ से उसने पूछा और मेरे अन्दर के मशरिक़ ने उसे समझाया कि ज़िन्दगी महज़ ड्राइंग रूम या पार्टी नहीं।" फिर उसने पहली दफ़ा पीढ़ी पे बैठकर मेरे पकाये ताज़ा फुल्के और शामी कबाब चखे तो ज़िन्दगी आँखों में लाकर, उन फ़ासलों को देखा जो उन रिश्तों में थे जहाँ उस ने जीवन साथी का अहद किया था और जो उन रिश्तों में मुहर लगाते थे, जिन का कोई भी नाम नहीं था। वह अपनी महरुमियों पे बिलख-बिलख कर रोया। मैंने फिर अपना चेहरा छिपाकर ममता बिखेर दी। वह पुरसुकून हो गया। समुन्दर पार से फ़ोन आते...वह हर अगले माह आने का वादा कर के टाल देता। मैंने ख़ुद

उस की छुट्टी मंज़ूर करवाई। बीवी को लिखा कि आ रहा है और जहाज़ में सवार करवा दिया। वह एक अलमारी की चाबी मुझे दे गया और जाते हुए कह गया "मैं हर मरहले पे तुम्हारे नाम ख़त लिखता था। मगर कोई भी ख़त तुम्हें नहीं दे सका। इससे पहले कि लोग मेरा सामान ले जायें। तुम जाना और वे ख़त पढ़ लेना।"

वह घर कब का ख़ाली हो चुका। ले जाने वाले सामान ले जा चुके। खोलने वालों ने वह अलमारी भी खोल ली होगी वे सारे ख़त रद्दी समझ कर जाये कर दिये होंगे। मुझमें हिम्मत न थी कि मैं अपना चेहरा देख सकूँ उन लफ़्ज़ों में, जिन्हें मैंने सुनने से गुरेज़ किया था।

मगर गुरेज़ करने से मसला हल तो नहीं होता। मरने से पहले उसने अपने एक दोस्त को मेरा पता दिया था। मुझे वह अपने आख़िरी सफ़र से भी आगाह रखना चाहता था। दम तोड़ने वालों के क़स्बे भी बहुत तवील हैं। वह जो बरसों हर शाम को तुलूअ होते थे। ख़ूबसूरत थे, जवान थे, सौन्दर्योपासक और काव्य-मर्मज्ञ थे। बात बात में बात का जौहर तलाश कर लेते थे। ज़िन्दगी से क्या चाहते थे? थोड़ी-सी आज़ादी, कोई बात करने, किसी के साथ बैठ के नहर के किनारे या दरख़्तों की छाँव में मासूमियत से हँसने या पानी के लम्स से पैरों को ठण्डा कर के, बातों को रवाँ करने की, या शेर सुनाकर रो पड़ने की या किसी से इश्क़ कर के ख़ुद को फ़ना करने की। कितनी छोटी-छोटी तलब थी उनकी। कितनी निस्वार्थ ख़्वाहिशें थीं। कितनी सादा ज़िन्दगी का ख़्वाब था, कितनी मुख़्तसर तम्हीद और कितनी कमसुख़न दास्तान थी। मगर कोई ख़ून थूकता मर गया और मेरे बचपन के दिनों को मौत के लफ़्ज़ से परिचित कर गया। किसी ने अपनी महरूमी का उपाय करने को मेरे बच्चों से मुहब्बत की। जब तनख़्वाह मिलती तो तनख़्वाह का पहला ख़र्च, मेरे बच्चों के लिए फूल देने वह उस दिन ख़ास तौर पर रिक्शे में आता। बच्चों से बेपनाह प्यार करता। उनका इतना मुँह चूमता कि मेरी आँखों में आँसू आ जाते। फिर ख़ामोश होता चला जाता...अगले महीने की पहली को फिर यूँ ही फूलों और आँसुओं का तोहफ़ा लाता। वह बीमार हुआ। मुझे और मेरे बच्चों को अपने गिर्द न पाकर ब्लेड से अपनी गर्दन काट डाली। इन्सान था। पूरी शह रग न कट सकी। वह तड़पता रहा। अस्पताल में रहा। मैं मुजरिम थी। फिर भी न गयी। उससे कैसे मिलती। मर्दों की तरह उसे फ़रामोश कर के बिल्कुल नॉर्मल हो गयी।

“बच्चों से प्यार करने का इतना शौक़ था कि ख़ुद को मामूँ कहलवाने लगा। यह भी बिल्कुल अजीब शख़्स था। अपनी बहन से प्यार था। मगर मेरे मुक़ाबले में बहुत कम अपने घर की ज़रा-ज़रा-सी बात मुझसे करता। दो शादियाँ कीं। मैमों से। कोई भी न चली क्योंकि मिज़ाजन दरवेश आदमी था। घर कोई मेहमान आ जाता तो परेशान हो जाता। अकेला हो जाता तो घबराने लगता। लोग उसे कन्जूस कहते, बुज़्दिल कहते, मगर हर ईद पर मेरे बच्चों को ईदी देने जहाँ कहीं भी होता, चल कर आ जाता। मुझसे, ज़िद कर के, खाने पकवा कर खाता। इसी ज़िद में एक दिन मेरे घर से हमेशा के लिए रुख़्सत हो गया।”

तज्रीदी मुसव्वरी (एबसट्रेक्ट पेंटिग) की जान, मगर रिल्के को शाइरी में पसन्द करता था। अदीबों और फ़नकारों के साथ मिलकर बैठता था। दोस्ती में किसी क़िस्म की दिखावे का क़ायल न था। हाँ, बातचीत और तेज़ ख़ुशबू को पसन्द करता था, उसे अपने अन्दर और ज़माने के दिल में बैठी उसी चिड़िया की तलाश थी जो अपना घोंसला बनाना चाहती है, जंग नहीं चाहती।

“वह बहुत ख़ूबसूरत था। उस का रंग सुर्ख़ सफ़ेद था। शेर बहुत लहक -लहक कर पढ़ता था, शराब भी बहुत पीता था। शादी भी नहीं करता था, हालाँकि बहुत औरतें उस पर फ़िदा थीं। बहुत उससे शादी के लिए तैयार थीं। बच्चों से बेपनाह प्यार करता था। उम्र की हरियाली शराब की नज्र की तो पछतावों की ख़िज़ाँ में बीमार हो गया। पलंग से क्या लगा। जनाज़ा ही उठ गया। कौन था जनाज़े पे, वही चन्द दोस्त, जनाज़ागाह में दो औरतें और दस आदमी उसकी क़ब्र को बनता देख रहे थे। जो दूसरों के ख़त पढ़ के हरजाई होने की बात करता था। मौत पे कितनी जल्दी रीझ गया था।

वह बहुत ही काला था, मगर अपने मन में गुमान रखता था कि वह ख़ूबसूरत है। आवाज़ बहुत ख़ूबसूरत थी। शेर का लहन आता था। लफ़्ज़ों को मोतियों की तरह पिरोता और लफ़्ज़ों का जलतरंग बजाता चलता था। और, हिन्दी, संस्कृत, भाषा, फ़ारसी, अरबी, अंग्रेज़ी, पंजाबी और मौसीक़ी की ज़बान का हर आहंग उसके क़ाबू में था। हाफ़िजा ऐसा था कि पानी रवानी भूल जाये और शेर ऐसे याद थे कि दिमाग़ की सारी थकावट मिनटों में समेट लेता था। इश्क़ करने का जुनून था। हर औरत को अपनी फ़र्ज़ी

गुज़िश्ता मुहब्बतों की कहानियाँ सुना-सुना कर, बिलवास्ता तौर पर यह यक़ीन कराना चाहता था। मुझसे तुम भी ऐसी ही मुहब्बत करो। अफ़लातूनी मुहब्बतों निःस्वार्थ प्रेम से बात जिस्म के क़रीब तक पहुँचती तो लड़कियाँ भाग खड़ी होतीं। अफ़लातूनी मुहब्बत में तो सिर्फ़ लफ़्ज़ों के धुंद पिघलती और उन लड़कियों के रोज़मर्रा के काम संवरते कि जो शेर लिखना, अदब में नाम पैदा करना या रेडियो, टीवी के सहारे, कुछ बनना या किसी तक पहुँचना चाहती थीं, वह भी उनकी मजबूरियों को समझता था। वे सारे जो इन इदारों में होते हैं। उनकी मजबूरियों को समझते हैं और अपनी मजबूरियों का इलाज, इन ख़वातीन के वजूद और ताल्लुक़ से करते हैं। वह पढ़ा-लिखा था। सब के जैसा नहीं था। हर बात सलीक़े से करता, गलत होने लगती तो बात बदल देता। हुनर उसकी नस-नस में बसा हुआ था। वह तरह तरह के ख़्वाब सुनाता, रूहों को अपने क़ाबू में करने का हाल बताता, रातों को रूहों का आकर उसको जगाने के वाक़िआत बयान करता। अगर उन तमाम ख़्वाबनाक हवालों से माशूक़ न पिघलती तो फिर तस्वीर में कोई नया रंग भरता, अब अपनी बीवी की बीमारी की दिलसोज़ दास्तान ध्यान खींचने के लिए रोने-धोने के साथ पेश करता। ज़िन्दगी में तवज्जो हासिल करने की ख़्वाहिश लिए यह शख़्स औरत और मर्द दोनों के पास गया और बामुराद लौटा, मगर इन तमाम मुरादों से बढ़कर वह मुराद होती है। जिसे मिलन के विस्तार से ताबीर किया जाता है शायद यह मुराद ज़िन्दगी का अल्मिया रही, तभी तो इज़हारे-मुहब्बत की कोशिश से निढ़ाल होकर वह गिर पड़ा। अस्पताल के दस दिन, शायद मुहलत थी, नामुरादी को मुराद में बदलने की। मगर मौत की मुराद, बन आयी। बिन माँगे मौत के घाव से निढ़ाल हो गया।

मौत से निढ़ाल तो वह भी कई सालों से था। मुलाक़ात के लिए रात के दस बजे के बाद ही आता था। शेर सुनाता, चाँदनी में टहलने पे इसरार करता। पान खाने की ज़िद करता और फिर घर छोड़कर आने का तक़ाज़ा, घर इसलिए कि बीवी नाराज़ न हो कि इतनी देर से क्यों आया। मेरी शक्ल देखकर बीवी को तसल्ली हो जाती थी कि वह इस क़दर बुरी कम्पनी से नहीं आ रहा कि घर के दरवाज़े बन्द कर लिए जायें। जाने कौन सा एतबार का चाँद था, जो मेरे माथे पे उन सब बीवियों को नज़र आता था। वर्ना ये क्यों होता कि

क़बीले के सारे मर्द तो सोचें कि शायद किसी वक़्त यह औरत किसी नाज़ुक जज़्बाती मरहले की ढाल बन सके और उन की ही बीवियाँ, शौहर को मेरे साथ पा कर मुतमइन और ख़ुद को महफ़ूज़ समझने लगें।

सर्दी नयी-नयी उतर रही हो तो पिंडा बहुत तपता है बाहर और अन्दर के मौसम में बहुत फ़र्क़ होता है, ऐसे मौसम के विसाल में आँखों का ज़ायका और होंठों का, और होता है। पुरवा की तरह, बदन को न लगने वाली हवा की तरह, उसने कई साल इस कोशिश में गुज़ारे कि वह अपनी मर्ज़ी से मेरे अन्दर रह सके। वह इस कहानी का ख़ालिक़ भी ख़ुद था और किरदार भी ख़ुद ही था। वह बहुत भूखा, बहुत प्यासा था। इसलिए सबको अहवाल बताता और निहाल होता था, वह बहुत ख़ुदगर्ज़ था, अपनी ज़ात के जज़ीरे की तरफ़ आसेब की तरह हर एक को बुलाता और फिर अपनी भूखी आँखें दुनिया की सम्त कर के मदारी की तरह तमाशा दिखाता था। वह बहुत कम बोलता था, मगर उसका उठने-बैठने का हर अन्दाज़ बातें करता हुआ प्रतीत होता था और वह जो तौर-तरीक़ों से बहुत बोरिंग, शक्ल से वाजिबी और अक़्ल से मुनासिब लगता था। जब उस की तन्हाई के पट खुले तो वे नौजवान लड़के की शोला बरसाती भड़कती चिंगारियों की तरह नज़र आयी जिन्हें उसने तीस बरस पहले, यह समझ कर दफ़न कर दिया था कि आरज़ूयें भी लड़कियों की तरह होती हैं, अगर उन का मुस्तक़बिल धुँधला जाये तो उनका दफ़न कर देना ही बेहतर है।

पहले पहल वह हँसते हुए, बात करते हुए, डरता था बिना तकल्लुफ़ गुफ़्तगू में शरीक होते हुए उसने ख़ुद बढ़कर ज़िन्दगी के घने जंगल में रोशनी लाने के लिए, एतमाद का बेड़ा उठाया, रास्ते और पगडण्डियाँ बनाता गया और हर रास्ते पे ख़्वाबों के दीये रोशन करता गया। कई बरस उसने शाइरों और शाइरी के साथ बिताये और यह भूल गया कि जिस जज़ीरगी में वह ज़िन्दा था वह हक़ीक़त है।

एक दिन उसने तख़्ती पे लिखी इबारत की तरह, उन सारी पगडण्डियों और रास्तों को धो डाला। आँसुओं से नहीं, उस तेल से जिसे वह दीयों में डाला करता था। फिर उसने बसन्ती चोला पहना और जज़ीरे पे वापस चला गया।

हर ताल्लुक़ तो तहरीर की दुश्मनी नहीं चाहता। रिश्तों की बेख़बरी भी निभाव की एक शक्ल होती है। वह जो नामहसूस तरीक़े पर आपको अन्दर

से मज़बूत किये रखे और पता तक न लगने दे। किसी तरह भी सावधानी को बेख़ुदी में बदलने न दे, मगर गिरफ़्त ऐसी रखे कि लम्हा-लम्हा उसका जागता वजूद, हिफ़ाज़त करती नज़र आये...धूप का टुकड़ा जैसी बेएतबार शख़्सियतें भी इन गहराइयों में उतर कर वापसी का रास्ता भूल जाती हैं।

इन बेनाम चेहरों की बेबयान तन्हाइयों में, ख़्वाब भी दख़ल नहीं देते, ओस का एक क़तरा भी अलग नहीं होता। लहर बिना दूसरी लहर वजूद नहीं रखती। मेरे अन्दर गुज़रा, और ठहरे हुए चेहरों के यादों का बहाव, किनारों से छलकने नहीं देता।

यह अलग बात है कि हर रज़िया सुल्तान के गले में याक़ूत हब्शी की तख़्ती लटका दी जाती है।

हंटर वाली

अमेरिकी शाइर ड्यूडरे की एक नज़्म है "ताश खेलने वाले"
हम किस क़दर रश्क करते हैं
बुतों की तरही टाँगें आलती-पालती मारे बैठे
मुसल्सल ताश के पत्ते फेंकते लोगों पर
जब वह सारा दिन ताश खेलने के बाद खड़े होते हैं
अपने हाथ रगड़ते हैं, अपनी पैंटों की बेल्ट ठीक करते हैं
अपनी जेबों में बक़ाया रेज़गारी को गिनते हैं
और घर जाकर देखते हैं, उनकी ग़ैर-हाज़री में बीवियाँ नेकी और
पाकबाज़ी पर क़ायम रही हैं!

मेरे कई दोस्त और बुज़ुर्ग चालीस-पचास बरस से मुसल्सल और बाक़ायदगी से शराब पी रहे हैं मगर दूसरों के घर, या किसी साझा अड्डे पर, अपने ख़याल में, घर वालों को तो इल्म ही नहीं कि वे शराब भी पीते हैं। उन से पूछो कि अपने घर ये गान-पान का सिल्सिला क्यूँ नहीं। जवाब मिलेगा "बीवी कहती है मेरे घर शराब नहीं चलेगी। गोया दूसरों के घर तौबा तोड़ना बुरा नहीं होता।"

शराब पीने के भी अपने अपने अन्दाज़ हैं। कोई पैग के बाद मिठाई खाता है तो कोई दही, कोई अचार और कोई नमकीनी ज़ायक़े को क़ुबूल करता है...चेहरे से लेकर नमको तक पाकिस्तान और हिन्दुस्तान में शराब नोशी नहीं, बला नोशी की जाती है। ख़ुदा भला करे शराब को मना करने वालों का। अब शराब पे भूखों की तरह पड़ने वाले ज़्यादा और सलीक़ा मंदी से शराब पीने वाले ख़ाल-ख़ाल ही नज़र आते हैं। शुक्र है कि मुँह सूँघने, पकड़े जाने, रातों

को मेडिकल टेस्ट होने और फिर अगले दिन अख़बार में रुसवाई होने के ज़माने गुज़र गये। वर्ना यही क़ाफ़िला दरवेशां, अपनी जेब में हज़ार दास्तानों के नुस्ख़े रखता था। कोई कूच से पहले अमरूद खाता था, कोई केला, कोई पान और फिर अंग्रेज़ों ने भी मदद की, उन्होंने ऐसे ड्रॉप्स ईजाद कर दिये कि इधर मुँह में डालो, उधर बू गायब...धार्मिक सज़ाओं के उस ख़ौफ़ ने एक अच्छा काम किया। वह शाइर जो दिन भर भी मस्त रहते थे और कहीं कोई गुफ़्तगू, इंटरव्यू, बग़ैर पव्वा अपने अन्दर उतारे, क़दम नहीं उठा सकते थे। वे अपने चौड़े या ईसाई बने भाई बन्द से ब्लैक में बोतल ख़रीदकर निस्संकोच पी नहीं सकते थे। मगर बे-एतबारी की यह कैफ़ीयत हो गयी थी और है कि जितनी जल्दी ज़्यादा से ज़्यादा मेरे पैमाने में आ जाये, इतना ही जिगर को गर्मी मिलेगी वर्ना पहले ऐसा न था।

पहले तो झुटपुटे का समाँ हुआ, हर एक ने अपना-अपना पाँच का नोट निकाला लपक के सामने गया, अन्दर रेस्टोरेन्ट से गिलास पकड़ा, बाहर की प्याऊ से पानी लिया और यूँ रात के दस बजे तक ये चशमे रवाँ रहे। मज़ीद प्यासों के लिए अब नयी राहें थीं। कोई छावनी जाता, कोई गुलबर्ग, कोई उन अड्डों का रुख़ करता जहाँ कभी शराब ख़त्म ही नहीं होती थी। किसी को ज़बरदस्ती घर छोड़ के आने की कोशिश करो तो चलती गाड़ी से छलाँग, कई ऐसे ज़िद्दी कि पैदल चल पड़ते, अगले दिन पता चलता कि घर के बजाय शेख़ूपुरा पहुँच गये थे।

हमारे बच्चे हैरान होकर सुनेंगे कि पाकिस्तान में आज़ादियाँ भी थीं। रात के दो बजे हैं। नहर पे बैठे हैं। दाद देने वाले दाद दे रहे हैं। शराब पीने वाले शराब पी रहे हैं। शेर पढ़ने वाले शेर पढ़ रहे हैं। बीयर की बोतलें रस्सी बाँध कर लटकाई हुई हैं। रात भी अपने सुकूत और शानो-शौकत के साथ शरीके-महफ़िल होती। न कोई ये कह कर पकड़ रहा है कि गुल-गप्पाड़ा हो रहा है, न नाज़ेबा हरकतें करने की ख़बरें बनतीं। चाँदनी रातों में बाग़ों की ये पहाड़ियाँ आबाद होती थीं। रीगल कॉमर्शियल बिल्डिंग और यूनिवर्सिटी की फुटपाथें, लिखने वालों, आर्टिस्टों और नौजवानों से सारी रात फ़िरोज़ाँ रहती थीं। कोई लड़की रेप नहीं होती थी। कोई पुलिस रात को गश्त नहीं करती थी। हाँ, यह ज़रूर होता था कि जो बिल्कुल ही होश गंवा बैठे, थाने वाले उनको उठाकर ले गये, जब होश आता तो वे ज़मानत के लिए फ़ोन नम्बर देते।

टेलीफ़ोन की घण्टी बजने के लिए हमेशा रात दो या तीन बजे का वक़्त होता। लश्टम पश्टम जाओ। ज़मानत करा के, घर छोड़ आओ।

टेलीफ़ोन की घण्टी उस वक़्त एक और रस्मे-मुहब्बत के लिए बजती थी। उस ज़माने में डायरेक्ट डायलिंग नहीं थी। कॉल बुक कराई गयी। टेलीफ़ोन पर ग़ज़ल सुनाई जा रही है। नये शेरों का लुत्फ़ लिया जा रहा है। बातों में ख़ुलूस है, मुरव्वत है। कोई तंज़, कोई झूठ, कोई मलोमालिन्य नहीं कि आजकल तो हँसने के लिए लतीफ़े और मज़ाक़ के लिए तंज़ सर्वमान्य गुर हैं। हँसी और मज़ाक़ मिज़ाजन हमारी रिवायत ही नहीं। शायद इसलिए कि हम बज़ाहिर सच सुनने के आदी नहीं। उर्दू ड्रामे में भी मसख़रा ही सच बोलता है। आम किरदार नहीं। क्यों! क्या हमारे अन्दर सच की घण्टी नहीं बजती।

कभी-कभी टेलीफ़ोन की घण्टी नहीं, घर की घण्टी बजती, नशे में सरशार चले आ रहे हैं, "तुमने ही तो कहा था कभी फुर्सत हो तो इत्मीनान से आना। बैठेंगे बातें करेंगे।"

"अरे रात के दो बजे।"

"ओ हो क्या फ़र्क़ पड़ता है दिन के दो बजे या रात के दो बजे।"

घर की घण्टी बजती है। बहुत सीनियर बहुत प्यारे शाइर दोस्त आ जाते हैं। शेरी नशिस्त शुरू हो जाती है। बच्चे शोर से जाग जाते हैं। मैं उनके पास वापस चली जाती हूँ। सुबह अज़ान तक यह सिल्सिला जारी रहता है।

दोपहर है। टब भरा है बीयर की बोतलों का। समोसे और गोश्तवाले नान ताज़ा-ताज़ा लग कर आ रहे हैं। उम्र का लिहाज़ भुलाकर सब सीनियर जूनियर अदीब इकट्ठे हैं। शाइस्तगी का चेहरा दमक रहा है। आज मेरे घर, अगले हफ़्ते दूसरे के घर और यूँ हर इतवार के इतवार (उस ज़माने में इतवार को छुट्टी होती थी) उस्ताद अपने शागिर्दों को मेल मुहब्बत के क़रीने, आदाबे-महफ़िल सिखा रहे हैं। गुफ़्तगू कभी जामी पे, कभी इक़बाल, कभी बुल्ले शाह।

आजकल देखो...जो दावत करने का कह दे, बस रस्म ठहरे कि वही करता जाये। बाक़ियों की बीवियाँ बहुत नाज़ुक हैं। खाना पका नहीं सकतीं। घर पर शराब पिला नहीं सकतीं। शौहर के साथ आ जायें तो थानेदार की ज़रूरत नहीं। "बस-बस तुम दूसरा पैग नहीं लोगे" "देखो तो उसके घर प्लेटें भी उठा रहे हैं। अपने घर बैठे-बैठे पानी माँगते हैं।" वे बेचारी भी क्या करें।

बहिश्ती जेवर पढ़ के और टेलीविज़न ड्रामे देखकर, ऐसा कल्चर ही क़ुबूल करेंगी।

हिन्दुस्तान और पाकिस्तान में एक चीज़ कॉमन है, शराब की महफ़िल में कोई न कोई दो सरफिरे लड़ेंगे ज़रूर वे हर दफ़ा वादा करेंगे इस दफ़ा कुछ नहीं होगा और फिर सब कुछ वह कि अल्लाह दे और बन्दा ले। उर्दू अदब और अदीब बड़े मज़े की चीजें हैं। जिन शाइरों ने ख़ुमरियात पर बहुत कुछ लिखा, उनमें से चन्द तो ऐसे हैं जिन्होंने कभी मुँह को ही नहीं लगाई। शाइरी की हद तक और बयान की हद तक तो पूरी उर्दू, फ़ारसी शाइरी मुअत्तर है। अलबत्ता गद्य लेखन ने अब तक अपना दामन साफ़ रखा है। असेम्बलियों में सवालों की जद में आने का ख़ौफ़ हमारे मुल्क में ही नहीं, अमेरिका जैसे मुल्क में ख़ातून को अटॉर्नी जनरल बनाना मना रहता है।

पहुँची हुई हालतों के भी बड़े नमूने हैं। कोई दीवार को पकड़कर कह रहा है–"टैक्सी ख़ाली है।" कोई अपने गायिका से सुन कर रो-रो कर बेहाल हो रहा है। किसी को अपना ही घर नहीं मिल रहा। कोई समुन्दर की जानिब पैग छलकाते हुए कह रहा है–"ले काके तू भी पी" और कहीं कोई आपके ड्राइंग रूम, सहन को गुलो-गुलज़ार कर रहा है। जो सब पिया था वह उलटाये दे रहा है। कोई ढेर हो गया। सो गया है, घर जाने से इंकारी है।

कुछ लोग शाम होते ही अगर आप की सम्त आते, सलाम करते, आपकी मेज़ पर बैठे तो बिला कहिये, समझ लिया जाता है कि मुदआ क्या है। महँगाई के साथ साथ इस मुददे में इज़ाफ़ा होता रहता और कुछ का तक़ाज़ा यकसां रहता कि कुप्पी की क़ीमत में कमी बेशी नुमायाँ नहीं हुई।

कुछ प्यारे और पुराने ज़माने के दोस्त भी थे कि पहली को तनख़्वाह वसूल करते तो साथ पीने वाले पहले से बैठे होते, अपने हिस्से की पीने के लिए, पॉकेट मनी लेने को। वे भी ख़ूब लोग थे। आधी तनख़्वाह, यारों में और आधी पिछले क़र्ज़ में अदा कर के, नये सिरे से क़र्ज़ की डोर पकड़ लेते थे।

कमाल तो उन दोस्तों का है जिन्हें पीते हुए एक उम्र हो गयी, रोज़ पीते हैं, ख़ूब पीते हैं मगर अपनी जेब से नहीं। उनके प्रशंसक, चाहनेवाले दे जाते हैं या माँगने की अदा इतनी ख़ूबसूरत होती है कि अगला उसे मान के ख़ुश हो जाता है।

दफ़्तरों में ऐसे शाइरों की कमी नहीं। वे दफ़्तर जाते भी तो सिर्फ़ झलक दिखाने को थे और कमाल उन चन्द अफ़सरों का भी है कि जो बाक़ी अफ़सरों को उनकी किसी क़िस्म की बुराई करने से मना करते थे (ये भी बीस बरस पहले के अफ़सरों का अहवाल है। आज के नहीं) वे कहा करते थे। तारीख़ में इस दफ़्तर का नाम सिर्फ़ इस वजह से रह जायेगा कि यहाँ फलाँ बड़ा अदीब काम करता था। अब तो बड़ा अदीब दफ़्तर में आया नहीं कि सारे दीगर बौने उसकी टाँग खींचने और झूठे आरोपों का बाज़ार सजाने में देर नहीं लगाते।

इन सारे मंज़रों में मेरी शिरकत कभी मेज़बान, कभी घरवाली, दूसरे कमरे में बच्चों के साथ बच्चों की माँ और कभी हंटर वाली की होती थी। यह हंटर वाली पोज़ीशन सँभालने का वक़्त अक्सर आता था, हमारे ख़ित्ते के मर्दों को अश्लील बातों का बेधड़क इस्तेमाल बहुत भाता है और दो-चार पैग अन्दर जाने के बाद तो सारी फ़ैशनी झिल्ली उतर जाती है, फिर कोई ऊँची आवाज़ में लड़ रहा है, कोई बोल रहा है, कोई गालियों की बारिश कर रहा है, कोई उल्टियों का मंज़र सजा रहा है। बस ऐसे लम्हों को लगाम देने के लिए कभी मेरी ज़बान और कभी मेरा हाथ उठ जाता था और वे मुँहज़ोर कि जो हवा को भी ज़ंजीर करते और आसमान को भी ज़मीन बनाते नज़र आते थे, वे सीधे घोड़ों की तरह अपने घरों को लौट जाते थे। फिर मेरे लिए क्या कहा जाता था या कहा जाता है। वह बयान करने के लिए शाइस्तगी ने अभी कोई लुग्त ईजाद नहीं की है।

हाँ, यह ज़ायका मेरे लबों तक कैसे पहुँचा। पिकासो ने एक दफ़ा कहा था फ़न एक ऐसा झूठ है जो सच को क़ाबिले बर्दाश्त बना देता है। "इंटरनेशनल" काँफ्रेंसों और सफ़र ने जहाँ ग़ैर-ज़मीनों और ग़ैर-लोगों के दर्मियान सर को उठा कर चलने का क़रीना सिखाया, वहाँ अपने वतन के मुक़ाबले में धीमे-धीमे, खाने के साथ या खाने के बाद, टोस्ट प्रपोज़ करते हुए, गुलाबी हिद्दतों को, आत्मा बनते हुए देखा। कत्थक रक़्स के दौरान एक लम्हा ऐसा आता है कि रक़्क़ासा, सिर्फ़ एक घुंघरू की आवाज़, पैर की थाप से निकाल सकती है। कुछ ऐसी कैफ़ीयत ने मेरे अन्दर सर उठाया। मैंने अपने अन्दर की एक और ज़ंजीर काट दी। अब तो सारी क़यामतों से बढ़कर क़यामत सामने थी "मर्दों का मुक़ाबला करोगी "घर वालों के अलावा सारे पुराने दोस्तों की

व्यंग्य भरी मुस्कुराहटों ने मेरा इस्तक़बाल किया। अच्छे लगते हैं ये लोग मुझे। मुनाफ़िक़त नहीं करते, कभी-कभी तो मेरे घर बैठे हुए भी मेरे ख़िलाफ़ बातें कर रहे होते हैं।

जिस ज़माने में पाबन्दियों की इन्तहा थी। उस ज़माने में टेलीफ़ोन पर गुफ़्तगू करते हुए शाम को किसी दोस्त को बुलाना या फिर यह बताना कि मक़्सदे-महफ़िल क्या है तो कहा जाता "मेरे पास शलजम गोश्त है। आप आ जायें।" या फिर कहना "मेरे पास किताब है या नयी किताब आयी है, आप आ जायें।"

ऐसा लहजा भी चन्द बुज़ुर्गों और मेरी ख़वातीन दोस्तों का ही होता है। मार्शल लॉ के बदतरीन दिनों में हमने बहुत कुछ इकट्ठे सहा, इसलिए हमारे बहुत दुख-सुख साझे हैं। कई दोस्त तो अपनी तन्हाई में मुझे शरीक करती हैं। वे कभी किसी के सामने हाथ नहीं लगातीं। मैं उनके तौर-तरीक़ों की इज़्ज़त करती हूँ। मगर मुझे ख़ुद दोहरे मेयार पसन्द नहीं। मैं जब मस्जिद क़र्तबा से निकलकर, अपने बेटों के साथ बैठी थी वाइन, सामने थी तो मैंने उनसे कहा था।

"मेरे ख़्वाबों, अगर तुम ख़ुद ख़ौफ़जदा नहीं हो
तो सुकून के साथ बताओ लोगों की ख़्वाहिशें क्या हैं
वो ख़्वाहिशें कि जिन में दानिश सर बुलन्द हो
और इंसाफ़ एक ख़ैरख़्वाह की तरह नज़र आये।"

तौक़ दर गुलूसना

ज़िन्दगी में बहुत-सी बातें ऐसी हैं जिन की समझ, ज्ञान, अक़्ल और किसी भी फ़ल्सफ़े या संवेदना से सीधे ताल्लुक़ न हो, फिर भी हक़ीक़त से ज़्यादा हक़ीक़त के तौर पर मानी जाती हैं। दुल्हन तलाश करनी हो तो कहा जाता है कि लड़की नहीं, लड़की की माँ देखो। उसने आगे जाकर वही बनना है। इसलिए तजुर्बे और मुशाहिदे के लिए पहले माँ को देखो। अब मैं ख़ुद जब कि माँ हूँ और इस मुक़ाम पे कि ऐसे फ़िक़रों को अपने ऊपर भी हावी देख सकती हूँ। मेरी माँ...क्या मुझ जैसी थी...? शायद वह मुझ से बढ़कर थी। जभी तो अपने बाप से बग़ावत कर के हमें स्कूल में पढ़ाया। बाप ने कहा...मेरे घर मत आओ। तुम लड़कियाँ पढ़ा रही हो...मेरी माँ ने कहा "नहीं आऊँगी।" मेरे बाप ने कहा...मेरे घर मत आओ...तुमने ग़ैर-ज़ात के लड़के से शादी की है, बुर्क़ा उतारा है, नौकरी करती हो, एम.ए. किया है। "मगर मेरी माँ ने भी कहा "मेरे घर मत आओ" ...मैंने अपने बेटे से शादी के बाद कहा "तुमने ख़ुद शादी की है। मेरे घर मत लाओ अपनी बीवी। ख़ुद खाओ, ख़ुद कमाओ, ख़ुद निभाओ"...क्या फ़र्क़ है मेरी माँ की माँ, मेरी माँ और मुझमें...?

कटे बाल...होंठों पे लिपिस्टिक...लिबास बिल्कुल मॉर्डन...अन्दाज़ बिल्कुल नित नये....गुफ़्तगू...या तो बिल्कुल नहीं और अगर है तो फिर ख़यालो-अन्दाज़ में वही असम्बद्धता और अनगढ़...पढ़ी-लिखी समझदार, नौकरी करने वाली, कॉलेजों और स्कूलों में अक़्ल की बारीकियों और वजूद और अना की उलझन से नाआशना, घरों में काम करने वाली, मुँह-हाथ राख में और मिट्टी में लिपटे, मगर चेहरे और जज़्बे तपे हुए। औलाद और शौहर के बारे में चटाख़-चटाख़ साफ़ बातें...अरे बीबी लड़के भी क्या देवें और भी

दुख...कभी पूछते भी ना...लड़कियाँ तो सौ दुख-सुख कर लें और आकर देख लें...यह सुनकर वह बहू कि जो बहुत मॉर्डन है कि जिसने सास-ससुर को सर्वेंट क्वार्टर में रखा हुआ है। डाँट देती है "बोला मत करो...काम करते हुए, अपने काम से काम रखा करो"...लड़कों को एमआईटी में पढ़ाने वाले, रिटायर होकर नौकरी ढूँढ कर अपनी मसरूफ़ियत के बहाने अपनी इज़्ज़त समेटते फिरते हैं कि रिवायत से जुड़ाव हमारी ज़िन्दगी के हर हिस्से पे हावी है। हम नहीं मानते कि रिश्ते अपना रुख़ और अपना अन्दाज़ बदल लेते हैं। हर पुरानी बात को सिर्फ़ इज़्ज़त रखने के लिए लीपापोती करते हुए बज़ाहिर क़ायम रखने की कोशिश में टूटते जा रहे हैं। सब कुछ बज़ाहिर...तभी तो ख़ूबसूरत चेहरों को इज़हार...बोलना...बात समझनी या समझानी नहीं आती। हमारे इर्द-गिर्द चलती-फिरती तस्वीरें हैं, जो ज़िन्दा ही कपड़े पहनने और खाने को हैं...किसके साथ क्या होता है...रिश्ते क्या हैं और क्या होने चाहिए। यह मसला ड्रामों के ज़रिये सीखा जाता है...तभी तो मेहँदी, उबटन और रुख़्सती की रस्में इतने ज़ोर-शोर से गुज़िश्ता 20 बरस में फैली हैं, भला सादगी क्यों नहीं फैली...इल्म क्यों नहीं फैला।

अलबत्ता मायूसियों के दायरे बहुत सिकुड़े...मार खानेवालियों को इल्म हुआ कि सिर्फ़ मार खाना उनका मक़सद नहीं। पैर दबानेवालियों को इल्म हुआ कि आख़िर उनके पैर क्यूँ नहीं दबाये जाते। कोई क़ुदरत का क़ानून नहीं कि वही सिर्फ़ पैर दबाती रहे। कोठे पे बैठी भी मर्द की लज़्ज़त और अपनी अदाओं से त्रस्त हुई और घर में बैठी भी ज़िन्दगी की एकरसता से बेज़ार हो कर बाज़ारों में ख़रीदारी के नाम पर वक़्त गुज़ारने लगी।

मार्लिन मुनरो ने अपनी ख़ुदकुशी से चन्द रोज़ पहले अपनी डायरी में लिखा था, "मैं किस चीज़ से खौफ़जदा हूँ। मैं क्यों ख़ौफ़जदा हूँ। क्या मैं एक्टिंग नहीं कर सकती। नहीं मुझे मालूम है मैं एक्टिंग कर सकती हूँ, मगर फिर भी ख़ौफजदा हूँ। मुझे ख़ौफ़जदा नहीं होना चाहिए। "वह कि जिसे मर्दों ने सेक्स सिम्बल बनाने का फ़ैसला किया और उस फ़ैसले पे अमल करने के लिए उसे पैसे और इज़्ज़त दी। उसके बहुत नामवर लोगों के साथ इश्क़ मशहूर हुए। उसके इतने गर्भपात हुए कि उसकी एक दोस्त के बक़ौल, उसकी सारी ट्यूब्स तक ख़त्म हो गयी थीं, मगर जब वह मरी तो अकेली थी....शायद ज़िन्दगी में पहली दफ़ा अपनी मर्ज़ी की एक्टिंग कर सकी।

अपनी मर्ज़ी का लफ़्ज़ औरत की ज़िन्दगी में दाख़िल है! पैदा होने में, पढ़ने में...शादी...शौहर के इंतख़ाब, ज़िन्दा रहने में, मरने में भी नहीं...वे कि जिन्हें कमरे में बन्द कर के जला दिया जाता है...अस्मत लूट कर गला घोंट दिया जाता है। अपनी मर्ज़ी के शौहर के इंतख़ाब में गोली से उड़ा दिया जाता है...यहाँ भी तो उनकी अपनी मर्ज़ी कहीं नहीं...सारी उम्र मर्द की मर्ज़ी का खाना पकता है...मर्द की मर्ज़ी के कपड़े पहनती है, जेवर पहनती है, सजती है, लोगों से मिलती-जुलती है.. ..बस शौहर की मर्ज़ी और इजाज़तों की रस्सियों के अन्दर...अपनी मर्ज़ी...उसका इल्म और ज़ायका तो उनके लिए अजनबी रहता है।

वैसे अजनबी कौन नहीं रहता...कौन अपना ऐसा अपना होता है कि जिस में अपने वजूद की ख़ुशबू आने लगे। अजनबियत दूर करने के लिए एक बुनियाद की ज़रूरत होती है। दूसरे शख़्स में एतमाद और उसकी अहमियत को दिल से समझना। यहाँ तो औरतें ही एक-दूसरे को नहीं समझतीं, बल्कि अपने वजूद की इंफ़रादियत पे एतमाद नहीं रखतीं। उनके ख़याल में वे तो दूसरों की सेवा के लिए बनाई गयी हैं। वे तो मर्द के ताल्लुक़ से ख़ुद को एतबार और इज़्ज़त देती हैं। ख़ुद अपनी ज़ात को तन्हा क़ाबिले-इज़्ज़त समझती ही नहीं। या फिर मर्द के बनाये हुए शिष्टता और भावनात्मक उसूलों पे चलकर ज़िन्दगी को आला दर्जे पे पहुँचा हुआ महसूस करती हैं। दुनिया में क्या हो रहा है, क्यों हो रहा है, उससे उनका बराहे-रास्त ताल्लुक़ न बनने दिया जाता है और न वह समझती हैं कि ताल्लुक़ बाक़ायदा हो सकता है।

तहफ़्फ़ुज़ का लफ़्ज़ औरत की ज़ात के साथ परस्पर ज़रूरी बना दिया गया है। मुहब्बत हैं, तहफ़्फ़ुज़, पनाह में तहफ़्फ़ुज़, समाज में तहफ़्फ़ुज़, हर तहफ़्फ़ुज़, मर्द की निस्बत से हासिल करना उसका मुक़द्दर है। इसी तहफ़्फ़ुज़ को हासिल करने के लिए वह पीरों के पास तावीज़ गंडे के लिए जाती है, मज़ारों पर जाती है। मीलाद (मुहम्मद साहिब का जन्मोत्सव) कराती है, ख़त्मे-क़ुरान और यासीन (क़ुरान का अध्याय जो बीमारों के लिए होता है) ख़त्म कराती है। तरह-तरह के शुबहों और ख़तरात से दिन-रात दो चार रहती है। और जब मायूसियाँ और तल्ख़ियाँ उसे घेरे में ले लें तो मज़ारों पर जाकर चिल्ले काटती है। वक़्त गुज़ारने के लिए सारा-सारा दिन मज़ारों पे रहती है और रात को घर में मुँह छिपाकर पड़ी रहती है।

लिखना-लिखाना भी मुँह छिपाने के लायक़ ऐब समझा जाता है। लिखने वालियों की तहरीरों को कभी बहुत आला तो कहा ही नहीं गया। हाँ, उसकी सेंसेशन के मुताबिक़ पसन्द और नम्बर दे दिये जाते हैं। नॉर्मन मिलर ने कहा था "ख़ातून...अच्छा लिखने वाली तो ख़ैर होती ही नहीं। अगर वो कॉल गर्ल हो जाये और फिर उस के क़िस्से लिखे जायें तो मज़ेदार मवाद मिल सकता है।" औरत का क़िस्सा अपनी जगह अलग है। उसके अन्दर बक़ौल फ़्लोरेंस नाइट एंगल, "ख्वाब, सरगर्मियाँ और ऐब सब बारी-बारी पहले मर जाते हैं। आख़िर में सब जो चीज़ मरती है वो ज़हानत "ज़हानत बग़ैर किसी सहारे के भी ज़िन्दा रहने की कुव्वत रखती है। उसको बहुत दबाया जाये तो औरत में ज़हानत अपने आप हर मिलने वाली चीज़ से भरती रहती है। ग़म...ग़ुस्सा, खाना, तन्हाई के मर्ज़ के ये तीन साथी हैं। लिखने वालियाँ देखो...जॉर्ज एलियट, जीन ऑस्टिन, वर्जिनिया वुल्फ़...जो असली थीं...उसका आधा भी उन्होंने नहीं लिखा। नाम तक बदलने पड़े हमारे यहाँ शादी के बाद कई लिखने वालियाँ बस ख़त्म हो गयीं। क्या उनकी पराकष्ठा ज़ाती पराकष्ठा...सिर्फ़ शादी थी। अगर यूँ था तो फिर तहरीर में इकहरी आँच की कमी क्यों न थी। अगर कोई मर्द लिखना बन्द कर दे तो ज़माना अफ़सोस करता है कि क्या दिमाग़ था, जाने क्या हो गया। औरत लिखना बन्द कर दे तो सुकून, इत्मीनान...कि अब सही माँ, घर वाली और पत्नी धर्म के सही रास्ते पर गामज़न है। ऐसे रास्ते तो हमारे बड़े-बड़े दिमाग़ों मिसाल के तौर पर डी एच लॉरेंस ने भी सिखाये हैं। (सेक्स लिटरेचर एण्ड सेंसरशिप) सार्त्रे से ज़िन्दगी के आख़िरी हिस्से में सवाल किया गया था, कि सेमोन को आप बतौर साथी तो ख़ूब जानते और समझते हैं। आप उनकी अदबी हैसियत को भी तस्लीम करते हैं। ख़ुद सार्त्रे ने सिमोन की सेकंड सेक्स की तहरीर के बहुत से हिस्सों से मतभेद किया था। हमारे यहाँ लिखने वालियों के शौहर, अल्लाह माफ़ करे...अजीब मिट्टी के बने होते हैं वे लिखने वाली को हाथ के छाले की तरह न रखे बनते हैं न छोड़े। कभी उसके पब्लिसिटी एजेन्ट बन कर लोगों की और उस ख़ातून...दोनों की ज़िन्दगी अजीर्ण करते हैं, सात पर्दों में बैठ कर भी वह अलग लिख रही है तो फिर ठीक है। वर्ना तजुर्बा, बाहर की दुनिया, इल्म, लोगों से मिलना, मुशाहिदा ये सब बेकार बातें हैं कि वो ख़ुद जिस फ़ील्ड में भी काम करते हैं। ऐसे

अज़ाबों से गुज़रने का नाम भी नहीं लेते। उन्हें क्या ख़बर कि इल्म तो आग लगा देता है ज़हन में इसीलिए तो पुराने ज़माने में ग़ुलामों को लिखाना पढ़ाना मना था। यहूदी क़ानून में तो औरत को पढ़ाना अब तक मना है। मगर यहूदी औरतें पढ़ रही हैं। क़दीम यूनानियों में सिर्फ़ तवायफ़ों को पढ़ाया जाता था कि उनसे मर्दों के दिल बहलावे का सामान और चाशनी मिला हुआ हो जाता था। बाक़ी औरतों को अनपढ़ रखा जाता था (जैसे सारे अफ़सरों को अंग्रेज़ी बोलने वाली चलती-फिरती नुमाइशी गुड़िया चाहिए। ज़हीन और अपनी अक़्ल पर एतमाद करती ख़ातून नहीं चाहिए) बक़ौल उनके लड़कियों को किताबें नहीं, शौहर चाहिए, किताबें इस्तेमाल करने में इंग्लैंड में वर्जिनिया वुल्फ़ को कितनी दिक़्क़त पेश आती थी। उसको लाइब्रेरियों में दाख़िल नहीं होने दिया जाता था। वही वर्जिनिया वुल्फ़ कि जिसको अपने वजूद, औरत के बदन के बारे में कुछ लिखने से रोकने की कोशिशें की गयीं। उसने लिखा "मुझे उस वक़्त का इन्तज़ार करना पड़ेगा जब मर्द, औरत के बदन के बारे में बातें सुनकर चौंके नहीं" वॉल्ट विट्मेन ने कहा था कि "ख़ातून शागिर्दों को उस्ताद से आगे बढ़ने की कोशिश नहीं करनी चाहिए।" सबब यह कि समाज...औरत की भाषा और औरत के नुक़्ता-ए-नज़र को समझने से नाकाम रहता है। विक्टोरिया वुड की मिसाल हमारे सामने है। ये वह ख़ातून है कि जिसने वॉल स्ट्रीट में स्टॉक ब्रोकर का काम शुरू किया। 1870 में अमेरिका के राष्ट्रपति चुनाव में हिस्सा लिया, अमेरिका में कम्यूनिस्ट मेनीफ़ेस्टो का अंग्रेज़ी तर्जुमा 1871 में शाए किया। तारीख़ में पहली फ़र्द (ख़ातून नहीं) जो कि कामस्टॉक क़ानून के तहत 1872 में गिरफ़्तार हुई। मगर उसकी सारी हरकतों, तहरीकों और बग़ावतों को ख़ुद औरतों ने पसन्दीदगी की नज़र से नहीं देखा और मर्दों ने तो ख़ैर ख़ूब मज़ा भी लिया और तमाशा भी बनाया। अभी तक औरतें, औरतों को वोट नहीं डालती हैं। दफ़्तर में साथ काम करती हों, तो ख़ुद एक दूसरे की दुश्मन होती हैं।

मुआशिरे और मर्द ने ख़ुद अपने तई फ़ैसले कर के फ़ितरत और क़ुदरत के नाम लगा दिये। पहला फ़ैसला यह कि औरत के वजूद का बुनियादी मक़सद बच्चा पैदा करना है कि उसके अन्दर बच्चादानी इसी मक़सद के लिए है। सही कि उस के अन्दर बच्चादानी है। मगर उस के अन्दर एक दिमाग़ भी तो है। यह क्यों नहीं कभी कहा गया कि औरत का बुनियादी मक़सद सोचना

और अक़्ल से काम लेना भी है। बकौल मर्दों के औरत की उँगलियाँ नाज़ुक होती हैं तो ये क्यों नहीं कहा गया कि तमाम सर्जन औरतें होनी चाहिए कि ऐसे ऑपरेशन नाज़ुक हाथ करें तो टाँके भी बारीक और अच्छे लगते हैं। बक़ौल मर्दों के औरत की टाँगें बड़ी ख़ूबसूरत होती हैं तो फिर दुनियाभर में औरतों को बेहतरीन एथलीट बनाने के लिए, उन की तरफ़ तवज्ज़ो क्यों नहीं दी गयी।

बस एक तबीयत और एक ख़ूबी तख़्लीक़ की वजह मानी गयी और वह थी और है बच्चा पैदा करने, मर्द की जिंसीयत को बर्दाश्त करने और उस को तस्लीम करने की। एक पढ़ी-लिखी औरत महीने भर काम कर के तीन हज़ार रुपये कमाये तो भी घर और बाहर वही हज़ार बातें सुने, मगर एक अनपढ़ औरत मर्द की हवस के लिए हर रात पेश होने की हामी भरे तो रात ... में हज़ारों कमाकर सारा दिन नेक शरीफ़ घर वाली कहलाने का भरम रख सकती है। बक़ौल डी अमीरी कोर्ट "मर्द का मुक़ाबला करोगी तो मुँह की खाओगी। मर्द के लिए लज़्ज़त फ़राहम करोगी तो इज़्ज़त पाओगी।" बक़ौल वर्जिनिया वुल्फ़ "पढ़ी-लिखी औरतें बड़ी बदसूरत और बड़ी ग़रीब होती हैं।" कि किताबें भरी पड़ी हैं जो ये कहती हैं "बड़ी वह औरत नहीं होती जो बहुत अच्छी किताबें लिखती है, बल्कि बड़ी वे औरतें होती हैं जो अच्छे बच्चे पैदा करती हैं।"

शायद इसी बाइस 1973 तक अमेरिका में और शायद 1980 तक फ्रांस में अस्क़ाते-हमल (गर्भपात) को क़ानूनी हैसियत हासिल न हो सकी। यह न था कि इससे पहले गर्भपात होते न थे। बाक़ायदा किये जाते थे और अमूमन मर्द के आग्रह पर गर्भपात होता था मगर मर्द के क़ानून ने उसको संवैधानिक और क़ानूनी हैसियत देते हुए सदियों का सफ़र तय किया था कि उसका वजूद अहम नहीं, बल्कि बच्चे का वजूद अहम है। वह तो बस अमानतदार है उस जिस्म की जो उसके अन्दर परवरिश पाता है। और चूँकि वह जिस्म बना है मर्द के बीज से, इसलिए बच्चे का गिराना गोया मर्द का बीज गिराना है, यह अलग बात है कि वह मर्द उस बच्चे की पैदाइश और ज़िम्मेदारी को कहाँ तक क़ुबूल करता है और यह कहीं नहीं कहा गया कि बच्चे का भ्रूण तो औरत और मर्द, दोनों के अंडे और बीज के मिलने से परवरिश पाता है।

क़ानून बनाते वक़्त मज़हब की आड़ ज़रूर ली जाती है। औरत, मर्द के रिश्ते के बारे में तो हर मज़हब ने मर्द को फ़ौक़ियत दी है कि हर मज़हब मर्दों का लाया हुआ और मर्दों ने उसकी व्याख्या की। तो गोया औरत के बारे में मर्द की राय या क़ानून, ख़ुदा का कानून समझा जाता है। इसीलिए औरत का दिल करे या न करे, जिस मर्द से उसकी शादी मुआशिरा कर दे, उसकी यह क़ानूनी ज़िम्मेदारी हो जाती है कि वह इसी मर्द का हुक्म माने और नस्ल के लिए जब मर्द हुक्म दे, हाज़िर हो जाये।

जिंस करने से चूँकि सीधे तौर पर जुड़ाव गर्भ के लिए तैयार रहना, क़ानून का हिस्सा है। मियाँ-बीवी के रिश्ते में औरत की वफ़ा और मर्द को तस्लीम करने की बुनियाद और अव्वलियत उस काम को समझा जाता है कि वह मर्द की ख़्वाहिश के मुताबिक़ सेक्स के लिए तैयार हो। उसको ख़ुश करे और ख़ुश रखे और उसको नाख़ुश करने पे ज़िन्दगी के मायूसीभरे लम्हात के लिए तैयार हो जाये। गोया ताक़त का सरचश्मा मर्द को साबित करने के लिए सारा सामाजिक ढाँचा तैयार किया जाता है। इसीलिए औरत का आर्थिक तौर पर आज़ाद होना या इस इन्तज़ाम में समानता की सतह पर आना या समाज में अक़्ली सतह पर तस्लीम किया जाना, ये सब रद्द करने लायक़ रवैये क़रार दिये जाते हैं और क़ानूनी सतह पर किसी क़िस्म की समानता के अमल को रोकने का माहौल बनाया जाता है।

1960 का ज़माना, समाजियात और जिंसियात में तब्दीली का ज़माना क़रार पाता है। जभी तो नॉर्मन मीलर ने कह दिया था कि जिंसी इंक़लाब उस ज़माने में ग़लत लोगों के हाथ में चला गया था कि उसी ज़माने में मुहब्बत का मतलब सिर्फ़ जिंस नहीं, बल्कि अमन और इन्सानियत की मुहब्बत के लिए ज़िन्दा रहना कहा गया था। सबब यह था कि अमेरीकी नौजवान जंग के ख़िलाफ़ थे। वह वियतनाम की भट्टी में नहीं जलना चाहते थे। उन्होंने बाल लम्बे करने, रंग दार कपड़े पहनने, मुँह पर तरह-तरह के पेंट लगाने शुरू किये थे। लड़कियों को पहली दफ़ा सतह पर मर्द के साथ डायलॉग करने का प्लेटफ़ॉर्म मिला था। यहीं एक और तबक़ा शामिल हो गया। यह तबक़ा काले अमेरिकियों का था कि उनको भी बराबरी की सतह पर आज़ाद अमेरिकी क़ानून कोई मौक़ा या सहूलत फ़राहम नहीं करता था।

यह आज़ादी एक और जानिब सफ़र करने लगी। हर सतह की आज़ादी, ग्रुप सेक्स से लेकर हर तरह की जिंसियत के तजुर्बे की आज़ादी। यहीं होमो और लेस्बियन तहरीकें शुरू हुईं कि ये ज़माना गोया मार्क्सिस्टों के अल्फ़ाज़ में जिंसियत की तमाम वर्जानाओं को तोड़ने के तजिबात का ज़माना बन गया, मगर यह तहरीक और ऐसा रवैया एक महदूद तबक़े तक रहा। बाक़ी जब कि जिंसियत तो फिर भी मौजूद रही और दुनिया भर में मौजूद है।"

ये सारी बातें एक-एक कर के याद आती गयी और रक़म होती गयी। अमेरिका के सफ़र के दौरान बहुत लम्बा सफ़र था। 24 यूनिवर्सिटियों का दौरा था, हर दूसरे दिन सफ़र पर निकलो। मेरी एक उम्र से ये आदत हो गयी है कि जहाज़ में बैठकर लिखती हूँ तो ख़ूब लिखती हूँ। बहुत मज़ा आता है मुझे लिखने में, पढ़ने में। एयरहोस्टेस थोड़ी देर बाद ख़ुद ही आकर सब से आरामदेह सीट, सब से अलग सीट की जानिब मुझे ले जाती है नट्स... वाइन...क़लम, काग़ज़, ख़ला और अजनबियत में।

---

* सऊदी अरब की शहज़ादी जिस ने अपनी मर्ज़ी से शादी करनी चाही तो उसे फाँसी दे दी गयी थी।

हव्वा और इब्ने-आदम

"वह मेरे बैग की तलाशी लेता था और मैं उसकी जेबों की।" यह थी हमारी एक-दूसरे के लिए इज़्ज़त और भरोसे की चौखट। वह आवारा हिरण और बंजारे की तरह कभी इस दर पे कभी उस दर पे, मगर रात को वापस घर ही आता था। मैं हज़ार रोने-पीटने के बावजूद सीता की लकीर को अपने अन्दर से निकाल नहीं सकती थी।

वह जब सबसे छिप कर बाहर जाना चाहता था। यह ख़बर भी मेरे लिए हैरानी न बन सकी और जब वह सबको बता कर बाहर गया। मेरे लिए यह भी कोई दुख की बात नहीं थी। उसकी मौत के बाद जब उस की चीज़ें वापस आईं और उसके बैंक में रक़म नहीं थी...तो मैं उस पर भी हैरान नहीं हुई और मालूम करने की कोशिश भी नहीं की कि आख़िर उसकी डेढ़ साल की कमाई किधर गयी।

बहुत से मियाँ-बीवी की तरह हम दो अलग-अलग फ़र्द, दो बच्चों के माँ-बाप बन गये थे।

मेरे बच्चे बड़े सब्र वाले, बड़े हौसले वाले थे। बड़े को मैंने सात साल की उम्र में अकेला साइकल पे स्कूल भेजना शुरू कर दिया था। छोटा भी सात साल की उम्र में अपनी साइकल पर स्कूल जाता था। बाप गाड़ी पर दफ़्तर जाता था और अम्माँ रिक्शे पे या दफ़्तर की गाड़ी पे जाती थी।

मैंने एक रुपया पेज पे बच्चों की कहानियों के तर्जुमे और 8 आने सफ़्हे पर प्रूफ़ पढ़े हैं। मैं और मेरे बच्चे हम सब इकट्ठे एक मेज़ के इर्द-गिर्द बैठ जाते थे। वह अपना-अपना होमवर्क करते और मैं तर्जुमे का काम करती या रेडियो स्क्रिप्ट लिखती और उनको बता देती इस काम से इतने पैसे आयेंगे।

उसमें तुम्हारी जुराबें आयेंगी कि किताबें आयेंगी। वो मुझे बड़े इत्मीनान से काम करने देते। मैं उन्हें रिक्शे में बिठाकर स्विमिंग कराने लेकर जाती, आर्ट्स कौंसिल पेंटिंग क्लासेज़ के लिए लेकर जाती।

जब नौकर न होता और बच्चों की छुट्टी होती तो बाहर से ताला लगा कर दफ़्तर चली जाती, सारा दिन परेशान हाल गुज़ारती मगर क्या करती? घर आती तो दिल सहमा हुआ होता। एक दफ़ा छोटे बच्चे ने माचिस की तीली जलाने के शौक़ में बिस्तर में आग लगा ली थी। कमरे में धुआँ भरा था। शुक्र है एक खिड़की खुली थी। जब मैं दफ़्तर से आई थी वह सहमा हुआ वहाँ खड़ा था। उस वक़्त उसकी उम्र पाँच बरस थी।

एक दफ़ा बड़े बेटे ने चीनी बाज़ीगरों की नक़ल में करतब करते हुए अपने तीन दाँत तोड़ लिए। घर आयी तो देखा मुझसे छिप रहा है। मैंने देखा मेरे सामने आया तो मुँह पे हाथ रखा है। हाथ हटाया तो देखा मुँह तो ख़ूना-ख़ून है। पूछा क्या हुआ तो बिलख-बिलख के रोया। उस वक़्त वह आठ बरस का था। गोद में उठाया रिक्शा लिया, डॉक्टर के यहाँ गयी, कई घण्टे डॉक्टर को भी लगे इतनी जोर से गिरा था कि दाँतों की जड़ें हिल गयी थीं।

बड़े बेटे को नर्सरी से वापस लाने की ड्यूटी दादा के सिर थी। एक दिन मैं दफ़्तर से वापस आयी। बच्चा घर पर नहीं था। स्कूल पहुँची। सर्दियों की शाम में बच्चा स्कूल के चौकीदार की बेंच पर बैठा था। दादा को बस याद नहीं रहा।

मेरे बच्चे तो कई दफ़ा घर आकर खाना भी गर्म कर लेते थे। मेरी जैसी मॉडर्न बनने वाली औरत के कहने पे छोटी उम्र से ही अलग कमरे में भी सोने लगे थे। यह तो उन्होंने बाद में बताया कि उन्हें कितना डर लगता था यूँ सोते हुए, इसलिए वह रात में किसी भी पहर माँ के पास चले आते थे। मैं बहुत बुरी थी। मैं उन्हें किताबें पढ़ने को कहती थी। क़ुरआन शरीफ़ पढ़ाने बिठाती थी। पॉकेट मनी नहीं देती थी। स्कूल का लंच बनाकर देती थी। बाप बहुत अच्छा था सिर्फ़ और सिर्फ़ प्यार करता था। मैं जब छुट्टी करने से मना करती, वह छुट्टी करवा देता था। उनकी नाजायज़ ख़्वाहिश पूरी करता था। वह उनका हीरो था।

फिर यूँ हुआ कि एकदम हमारे यहाँ बहुत-सा पैसा आ गया। बच्चों को उसी छोटी-सी उम्र में मोटर साइकल मिल गयी। ख़र्च करने को पैसे मिल गये

और किताब से फ़ासले के सारे रास्ते रोशन हो गये। माँ और किताब दोनों बैकग्राउंड में चले गये। चन्द बरसों की उस चकाचौंध ने सारे रिश्ते ग़ायब कर दिये। मैं बिल्कुल तन्हा हो गयी। दूसरे कमरे में क़हक़हे गूंजते और मैं किताब से कानों को ढाँपे बैठी होती। पहले एक छत के नीचे कई घर बने, फिर एक शहर में कई घर हुए, फिर मुल्कों-मुल्कों सब बट गये।

अब फ़ासलों, माँ और बाप की दोहरी ज़िम्मेदारियों और चकाचौंध के गायब होने ने बहुत-सी खाइयों को पाटना शुरू किया। मेरे बच्चों ने बहुत छोटी उम्र में अपना बोझ उठाने का हौसला किया। छोटे बेटे ने तो परदेस में बिल्कुल अकेले, अजनबी माहौल में ख़ुद को सँभाला और आज वह बेटी वाला और दिल वाला है।

बड़े बेटे ने चकाचौंध के सराब से निकलने में बहुत दिन लगाये और बहुत ठोकरें खाईं। आज जब स्पेन में, लोग उसकी बिज़नेस सेंस की तारीफ़ करते हैं तो मुझे वह बच्चा याद आ जाता है जो पेंटिंग में अव्वल इनाम लेता था। शाइरी करता था। स्वीमिंग में हमेशा अव्वल आता था मगर माँ को कहता था "अम्मी आप भी अजीब हैं सूखी वाह-वाह पे ख़ुश हो जाती हैं।"

तिकोन की तीनों लाइनें एक-दूसरे से नहीं मिल सकती हैं अगर मिल जायें तो तिकोन नहीं रहती हैं। अगर अलग हो जायें तो तिकोन नहीं रहती है। हम तीनों...दोनों बेटे और मैं तिकोन की तीन लाइनें हैं।

मेरे इकलापे को दुश्मन रोज़नों से देखने वाले सलामत रहें कि मैं वह नहीं जो कहे "मैं बाल बनाऊँ किसके लिए।" मैं तो चेख़व की कहानी की वह औरत हूँ जिसने अपनी ज़िम्मेदारियों के दुधारे को पार करने के बाद, ख़ुद अपने लिए और अपने लोगों की अपनी मर्ज़ी से ख़िदमत करने के लिए जीना शुरू किया है। मैंने हर लम्हे को मोतियों, आबदार मोतियों की तरह तजुर्बे की लड़ी में पिरोया है। चेहरों के पढ़ने से लेकर मैंने दुनिया भर की गलियों में बहने वाली तहज़ीब को चखा है। मैं बड़ी डरपोक औरत हूँ। सिर्फ़ अपने एतमाद के साये में चल सकती हूँ। मेरे घराने में औरतों की बहुत लम्बी उम्र होती हैं मैंने उनको Vagitation की सतह पर देखा है। क्या पसन्द है क्या पसन्द नहीं। यह तो कायनात का आख़िरी सच नहीं होता। हाँ, सिमोन डी बोवा और बेट्टी फ्राइडन की तरह सक्रिय और आख़िरी लम्हे तक लिखते रहना, ज़िन्दगी का आख़िरी सच लगता है।

सिल्विया प्लाथ के अल्फ़ाज़ में :

मैं तो अल्फ़ाज़ की पहेली हूँ
एक हाथी, एक तिलिस्मी घर
एक तरबूज़ दो सम्त लुढ़क रहा हो
एक सुर्ख़ फल, हाथी दाँत, सन्दल की लकड़ी
वो डबल रोटी जिसका ख़मीर बहुत अच्छा उठा
वो रेज़गारी जो अभी ताज़ा-ताज़ा टकसाल से निकली हो
मैं इक राब्ता हूँ, एक स्टेज हूँ, गाय का बछड़ा हूँ
मैंने सब्ज़ सेबों का भरा थैला खाया है
और अब उस ट्रेन में सवार हूँ जो कहीं नहीं रुकती है।

❑❑